AF453822

LE PLACEMENT STABLE

Ses Bases — Ses Règles — Ses Résultats

8° V
37675

TRAVAUX DU MÊME AUTEUR

RELATIFS A L'ÉCONOMIE POLITIQUE ET FINANCIÈRE

Anvers autrefois et aujourd'hui.

(Etude sur le développement historique et la prospérité présente du port). — In-8º, Librairie Félix Alcan, 1903. — *Epuisé.*

Formons et Exportons des Administrateurs.

Enquête sur les conditions nécessaires des placements extérieurs, contenant des études et déclarations de MM. A. Rostand, J. Caillaux, P. Delombre, Raphaël-Georges-Lévy, A. Neymarck, de Lapisse, Paul Leroy-Beaulieu, H. Bousquet, Yves Guyot, E. Paris, A. Pelletan. — *Revue Bleue*, 1910-1911.

Le Port de Paris.

Ouvrage couronné par l'Institut. *Troisième édition entièrement refondue.* — 1 volume in-16. Librairie Félix Alcan, 1911.

Nos Hommes d'Etat et l'OEuvre de Réforme.

(contient quelques études relatives aux Finances publiques). — 1 volume in-16. Librairie Félix Alcan, 1912.

Les Valeurs françaises depuis Dix ans

(Leurs résultats. — Leurs garanties). Etudes statistiques. 1 volume in-8º. Bibliothèque " Finance-Univers " et Librairie Félix Alcan, 1912, *deuxième mille.*

François MAURY

Directeur de " FINANCE-UNIVERS."

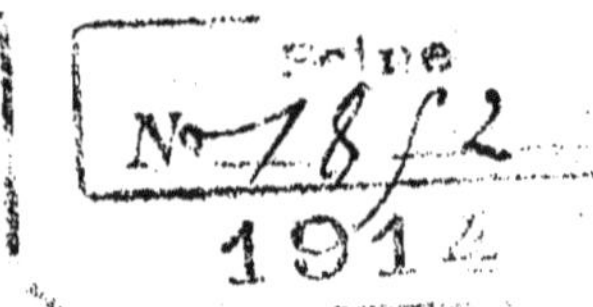

LE

PLACEMENT STABLE

Ses Bases - Ses Règles - Ses Résultats

———◄►———

PARIS

" FINANCE-UNIVERS "
Revue Financière Universelle
24, Rue de Mogador

Librairie FÉLIX ALCAN
Librairies Félix Alcan et Guillaumin
réunies
108, Boul. St-Germain

1914

PRÉFACE

L'éducation financière est aussi rare, en France, que l'épargne y est générale et l'aisance répandue. La plupart des gens qui économisent ou possèdent n'ont pas les connaissances élémentaires qui leur permettraient de gérer leur avoir avec sûreté. De là des erreurs, des pertes, qui se chiffrent, chaque année, par centaines de millions et qui causent dans les familles tant de gênes et de désastres.

L'enseignement financier n'est cependant que le complément de l'enseignement professionnel : complément indispensable pour tous. Car, suffit-il de s'initier à une profession, un métier lucratif, sans apprendre à utiliser, à placer les disponibilités qu'il procure?

C'est pour contribuer à la diffusion de cet enseignement qu'a été écrit ce petit livre : le premier peut-être qui, négligeant tous procédés et opérations spéculatifs, soit consacré dans notre pays au Placement stable. Il n'a cependant aucune prétention à l'originalité : il prétend n'être qu'une œuvre de vulgarisation, foncièrement pratique.

Il s'inspire en effet d'une méthode, déjà découverte, de gestion des fortunes, la seule vraiment complète et sure qui ait été formulée à ce jour : « la Distribution Géographique du Capital ».

Cette méthode est apparue, voici une dizaine d'années, dans le pays le plus actif au point de vue commercial et industriel et le plus riche, le plus porté aux études d'économie appliquée : l'Angleterre.

Le premier économiste et financier qui ait formulé ce système, admirablement adapté aux conditions nouvelles et complexes de la société contemporaine, qui en ait fixé les règles exactes, est M. Henry Lowenfeld. Il le fit dans une série d'ouvrages dont le premier : « How to protect Capital » parut en 1904. Il a fait école. La Distribution Géographique du Capital, étudiée Outre-Manche par des techniciens, des politiques, des statisticiens, des actuaires éminents, y est observée par maintes Caisses officielles, par les grandes Compagnies d'Assurances, par la plupart des Sociétés importantes et des capitalistes de tout rang. Ses résultats ont toujours été des plus satisfaisants.

Cette méthode permet en effet d'atteindre au Placement stable. Par là, elle est propre à rendre des services inappréciables à l'épargne française, à laquelle elle procurera ces avantages vainement poursuivis jusqu'ici : la sécurité du capital, la liberté d'en disposer sans perte à toute époque, un rendement élevé.

Elle est d'une application singulièrement opportune à l'heure présente. Car, d'une part, la baisse ininterrompue des valeurs dites « de père de famille » et la crise financière issue des guerres balkaniques ont montré le risque excessif, le danger des placements effectués de la manière traditionnelle. Et, d'autre part, l'augmentation du coût de la vie, l'aggravation des charges fiscales font cruellement ressortir l'insuffisance de rendement de ces placements empiriques. — Assurer la sécurité de sa fortune mobilière, actuellement menacée, en accroître le revenu, par trop médiocre, est donc, pour le rentier français une nécessité immédiate.

Ce système convient particulièrement, d'ailleurs, à notre pays, en raison des vastes capitaux qu'il possède à l'étranger et de la nécessité pour lui de les répartir de façon judicieuse : afin d'en assurer ainsi la conservation et de s'en réserver la libre disposition.

C'est pourquoi ce petit livre — où ont été condensés et adaptés aux exigences du public français les principes et les règles pratiques si fortement dégagés par M. Henry Lowenfeld et où se trouvent définies les conditions du Placement stable, ses bases et ses résultats — a été écrit.

Puisse-t-il être lu par un nombre sans cesse plus grand d'épargnants et de capitalistes et les mettre en mesure de gérer leur avoir sans confusion et sans aléas, mais au contraire avec clarté, sûreté, profit !

CHAPITRE Ier

Le But du Capitaliste.

Le premier soin qui s'impose à toute personne désireuse d'effectuer un placement — soin hélas ! presque toujours omis — c'est de réfléchir au *but* qu'elle entend atteindre.

En fait, quand on place des fonds, on vise plus ou moins confusément ces trois objets essentiels : la conservation de son capital, la faculté de le réaliser à toute époque, enfin, un revenu suffisant. Aussi, est-on tenté de croire que les épargnants et capitalistes poursuivent tous le même but. Telle n'est point la réalité. Chacun d'eux a des besoins distincts, auxquels il souhaite que répondent ses placements.

Toutes ces exigences peuvent être satisfaites, si elles sont raisonnables et bien claires. La multiplicité et la grande diversité des valeurs mobilières offrent, en effet, les moyens appropriés. C'est pour pouvoir choisir ces moyens, que le capitaliste doit commencer par préciser son but personnel.

Ce n'est point chose aussi aisée qu'on se l'imaginerait peut-être. La première question à se poser dans cette sorte d'examen de conscience est la suivante : entend-on s'occuper ou non de ses placements ?

Le capital placé sans effort de discernement et de surveillance, ou bien ne présentera aucune sécurité, ou bien ne donnera qu'un faible revenu. Plus on s'occupe intelligemment de l'exploitation de ses fonds, plus on peut en obtenir stabilité et revenu avantageux. Ce revenu peut être élevé sans risque jusqu'à une certaine limite ; mais dès qu'on la dépasse on quitte le champ du véritable placement pour entrer dans celui de la spéculation.

La limite minima de rendement qu'offrent actuellement les placements en valeurs mobilières est de 3 1/2 à 4 o/o, selon qu'ils sont effectués en France seulement ou partie dans les pays étrangers. La limite maxima est de 6 o/o. Ces deux chiffres marquent la différence de revenu que l'on peut obtenir en plaçant son capital soit sans effort aucun, soit avec discernement et surveillance. Cette différence forme donc la rémunération du labeur consenti. La moyenne entre ces deux chiffres, c'est-à-dire un rendement de 5 o/o, peut être obtenue en toute sécurité, avec des soins réfléchis, mais sans travail technique ni étendu.

Il ne manque point de capitalistes qui se figurent que le succès des placements est affaire de chance : il suffit, d'après eux, d'être conseillé par une personne avisée pour obtenir des résultats très satisfaisants. Il arrive, en effet, qu'on réussisse quelque temps par ce moyen, mais jamais très longtemps. *Si l'on veut obtenir, avec sécurité, un revenu avantageux, un travail personnel est presque aussi indispensable* que la possession même d'un capital. Ce travail consiste d'abord à apprendre les notions nécessaires pour gérer sa fortune. Le présent opuscule expose ces notions.

Donc, en fixant votre but, ne songez pas seulement au capital que vous possédez : songez aussi au travail que vous êtes à même de consacrer à l'administration de votre avoir.

La seconde question à se poser est la suivante : Dois-je placer mes fonds de façon durable ou de manière à en réaliser la totalité à tout instant? Un commerçant ou un industriel, par exemple, qui est exposé à engager sa fortune dans ses affaires, placera ses fonds d'une manière autre qu'un rentier. Cependant, il faut toujours investir le capital de telle sorte, qu'on puisse en réaliser une assez forte partie, sans perte, à une époque quelconque.

Cette faculté de réalisation est indispensable pour faire face aux cas imprévus. Mais un capitaliste doit savoir que, s'il entend pouvoir réaliser plus du tiers de son capital à tout instant, sans perte, il doit payer cet avantage en se contentant d'un revenu annuel moindre. Pour qu'un titre soit constamment négociable, il faut qu'il présente un marché permanent et animé. Or, les valeurs à grand marché sont presque toujours les plus chères et, par suite, les moins rémunératrices (1).

____

(1) Cf. les explications utiles, chap. X, p. 78

Acquérir des titres de ce genre, sans profiter souvent de leur qualité de réalisation rapide, est un luxe onéreux. D'autant plus que les bonnes valeurs, même dénuées de ce privilège, sont toujours vendables. Il est exceptionnel que l'une d'elles ne puisse être aliénée après quelques négociations, et c'est parmi elles qu'on trouve les plus avantageuses.

En précisant son but, il faut donc déterminer dans quelle proportion il est nécessaire que le capital engagé soit promptement réalisable.

La troisième question a trait à l'emploi de son revenu. En a-t-on besoin pour vivre, ou peut-on le consacrer à l'augmentation de son capital et dans quelle mesure?

Si ce revenu entier est nécessaire à l'existence, il faut chercher avant tout à en assurer la régularité et ne point viser à l'accroissement du capital. Si, au contraire, il ne doit être utilisé qu'en partie ou même pas du tout, le capitaliste peut chercher à augmenter son avoir. Il a deux moyens de le faire : soit en demandant à ses titres un revenu élevé, qu'il capitalisera chaque année ; soit, au contraire, en choisissant des valeurs de faible rendement ou même sans rendement aucun, mais susceptibles de plus-value.

On voit dès lors l'importance de cette question.

On fixera donc en quatrième lieu le taux, ou le montant du revenu, que l'on désire s'assurer. C'est un point de grande importance, puisque, de la décision prise, résultera le genre et la qualité des titres à acquérir. Il est d'ailleurs faux de s'imaginer que les titres prétendus de premier ordre sont plus sûrs que ceux dits de second ordre. Très souvent, en effet, c'est le contraire qui est exact. On trouve en quantité des valeurs couramment appelées de second ordre qui sont mieux gagées que les autres et plus rémunératrices.

On se rappellera que l'on peut obtenir, sans difficulté, un revenu de 5 o/o. Si l'on désire un rendement plus élevé, on s'expose à des risques plus grands.

Voici donc les quatre points principaux auxquels doit songer le capitaliste pour préciser son but :

1º Travail qu'il lui est possible de consacrer à son portefeuille ;

2º Proportion du capital devant être réalisable à tout instant ;

3º Régularité du revenu ou augmentation du capital ;

4º Montant du revenu.

Il faut réfléchir sérieusement à ces points essentiels, puisque le choix des placements en dépend.

Une personne qui ne veut pas s'occuper de la gestion de sa fortune et qui désire avoir un capital réalisable à tout instant, doit se contenter d'un revenu minime : 3 1/2 à 4 o/o, selon qu'elle limite ou non ses placements à la France. Un capitaliste, au contraire, qui peut et veut consacrer ses soins à ses placements et qui désire avoir un tiers de son capital réalisable sans perte, à toute époque, doit obtenir un revenu de 4 3/4 à 5 1/2 o/o. Un capitaliste, satisfait de la même proportion de fonds réalisables, qui, en outre, est en mesure d'étudier à fond l'exploitation de sa fortune et d'y sacrifier beaucoup de temps, peut parvenir à 6 o/o et même plus.

Ces trois grandes catégories d'épargnants et de rentiers contiennent naturellement bien des divisions secondaires. Le lecteur distinguera fort bien quelle est celle à laquelle il appartient. Mais seuls les capitalistes qui se contentent d'un revenu minime peuvent négliger l'étude des notions fondamentales du placement : tous les autres doivent les apprendre. Et rien ne saurait leur être plus utile : comme on le voit, si l'on compare la difficulté de former un capital à celle de bien l'administrer, et si l'on compare les résultats d'une bonne gestion à ceux d'une mauvaise.

Un possesseur de 100.000 francs, qui ne s'occupe point de ses placements, obtient un moindre revenu, avec moins de sécurité, qu'un épargnant, plus actif et plus clairvoyant, qui possède 70.000 francs seulement. Cet exemple montre clairement combien il est avantageux de connaître les principes essentiels du placement.

CHAPITRE II

CE QU'EST UN BON PORTEFEUILLE.

Le but de ses placements étant fixé, le capitaliste a dès lors à former un portefeuille qui lui permette de l'atteindre.

Un portefeuille doit être composé de telle manière que *chacun des titres*, qui en font partie, soit, pour les autres, un complément et un support. Ces titres sont comme les rayons d'une roue, qui se consolident les uns les autres et concourent au même but.

Les résultats d'un bon portefeuille sont les suivants : le capital engagé est en sécurité; la valeur totale des titres entre lesquels il est divisé est à peu près la même d'année en année, ou mieux encore, en légère progression; un tiers au moins du capital est réalisable à toute époque, sans perte; le revenu est assez élevé et il est régulier.

De plus, la surveillance des placements est facile et ne cause qu'un travail minime. Enfin, satisfaction est donnée aux autres exigences raisonnables du possesseur.

Il est aisé de construire des portefeuilles qui répondent à cette définition et qui donnent ces résultats : ce sont les seuls qui soient de bons portefeuilles.

CHAPITRE III

Il n'est pas de valeur sans risque.

Un titre mobilier n'est point, ce que s'imaginent bien des gens, l'équivalent d'une somme d'or déterminée. Il ne possède pas de valeur fixe ; son prix est essentiellement variable. On ne saurait trouver un seul titre au monde dont les cours, en Bourse, n'aient fluctué. Voilà la notion première, que les épargnants et capitalistes doivent posséder sur les valeurs mobilières.

Tout titre, en effet, est soumis à deux sortes de risques : ceux qui proviennent de sa constitution même et de l'entreprise ou de la collectivité qui l'a mis en circulation ; — ceux qui proviennent de causes extérieures: crises politiques, économiques, sociales... causes aussi complexes qu'imprévues.

En l'absence même de tout événement fâcheux, d'ordre interne ou extérieur, une valeur est susceptible de baisse : il suffit que de nouveaux titres, étant ou paraissant plus avantageux, accaparent à son détriment la faveur publique.

Les raisons qui font varier les cours des titres sont donc très nombreuses et la plupart sont soustraites à toute prévision. Tantôt une hausse est provoquée par une augmentation réelle de la valeur des titres, tantôt elle est causée par un engouement plus ou moins justifié, par un fléchissement du loyer de l'argent, par les manœuvres d'un groupe de spéculateurs. De même, tantôt une baisse est amenée par les mauvaises affaires de la société émettrice et tantôt elle le sera par la raréfaction des capitaux cherchant un emploi en Bourse, par une crise d'ordre général, par un événement politique ou diplomatique, par une menace de guerre, par l'attaque d'opérateurs à la baisse, etc...

C'est dire qu'il est impossible de déterminer à l'avance les mouvements d'un titre. Ces mouvements sont d'ailleurs assez souvent sans cause apparente. Il arrive qu'un bon titre, émis par une industrie en plein développement, subisse une dépréciation, tandis que des titres médiocres, dépendant de sociétés peu solides, augmentent de prix en Bourse. *Les garanties d'un titre, la solidité de l'entreprise dont il relève, ne permettent donc nullement d'augurer de ses cours en Bourse.*

Il est indispensable que tout épargnant ou capitaliste comprenne bien cette variabilité, sans logique, des valeurs mobilières. Il en est beaucoup parmi eux, malheureusement, qui se figurent qu'un portefeuille, composé exclusivement de bons titres, donne nécessairement des résultats favorables. Ce serait exact, si les cours des titres étaient commandés par leurs garanties. Mais telle, nous venons de le voir, n'est point la réalité.

Comme ces faits semblent singuliers, nous donnons ici quelques exemples, qui les rendront plus compréhensibles.

Citons, en premier lieu, des titres à revenu fixe (ou obligations) qui s'abaissent dans leurs cours, tandis que leurs garanties (constituées par les dividendes et par la valeur des actions) augmentent.

La *Compagnie d'Eclairage, Chauffage et de Forces Motrices* entre autres, a versé à ses actionnaires, de 1910 à 1913, des dividendes croissants : 7.50, 8.75, 10, 12.50. Les obligations 4 o/o de cette société sont, pendant la même période, descendues de 503 à 430 francs. De même, la *Compagnie des Forges et Fonderies de Montataire* a versé sur ses actions, de 1909 à 1913, des dividendes progressifs : 30, 30, 45, 55, 65 francs. Or, durant le même délai, ses obligations 4 1/2 o/o se sont abaissées de 506.66 à 477.

La *Compagnie des Forces Motrices du Rhône* n'a point donné de dividende en 1909 : l'année suivante, elle a commencé à verser un petit dividende et, en 1913, elle a alloué 21 francs pour chacune de ses actions. Or, le prix des obligations 4 o/o de cette société est tombé, aux mêmes dates, de 512 à 440 francs (1).

Il ne serait point impossible de trouver des

---

(1) On trouvera maints autres exemples dans un recueil tel que l'*Annuaire Finance-Univers*, qui comprend toutes les valeurs étrangères et françaises cotées en France, et qui indique pour chacune d'elles à la fois les garanties et les cours.

Dans les exemples cités ici, nous indiquons les cours extrêmes: le plus haut d'abord, puis le plus bas.

exemples du phénomène inverse : il arrive que des titres à revenu fixe s'élèvent dans leurs cours, tandis que leurs garanties (dividendes et valeur des actions) diminuent. C'est ainsi que les obligations 4, 5 o/o des *Hauts-Fourneaux, Forges et Aciéries en Russie*, ont passé de 400 en 1909 à 418 en 1911 et 1912 et 450 en 1913, bien que cette société ne distribuât aucun dividende et ne pût pas davantage faire des réserves.

Si l'on envisage ensuite les titres à revenu variable ou actions, on constatera que leurs cours ne s'élèvent point nécessairement, en même temps que s'augmente leur revenu. Bien pis, il s'abaisse parfois, en ce cas, et remonte au contraire, quand le dividende diminue ! (Voir tableau ci-après n° 1).

Ces faits sont fort illogiques ; ils compliquent évidemment la tâche du capitaliste. Mais ils n'en sont pas moins réels et fréquents.

Il est donc nettement établi que les garanties des titres n'assurent point le maintien des cours et que l'on ne peut, par suite, distinguer dans quelle direction les mouvements de valeurs s'effectueront dans l'avenir.

Mais s'il est impossible de conjecturer l'orientation des cours des titres en Bourse : il est, au contraire, possible de dire que plusieurs titres, dont chacun est soumis à des influences essentiellement différentes de celles que subissent les autres, ne sauraient présenter les mêmes fluctuations.

I. — Exemples de Valeurs à Revenu Variable

dont les Cours s'élèvent, tandis que leur revenu décroit — ou réciproquement

DÉSIGNATION	1909 PLUS HAUT	1909 PLUS BAS	1910 PLUS HAUT	1910 PLUS BAS	1911 PLUS HAUT	1911 PLUS BAS	1912 PLUS HAUT	1912 PLUS BAS	1913 PLUS HAUT	1913 PLUS BAS
Industrie textile, actions .	Pas coté				671	590	610	560	608	559
					24 20		**30**	»	**30**	»
Gaz d'Angers, actions...	1.380	1.200	1.420	1.370	1.395	1.200	1.450	1.355	1.584	1.400
	80	»	**80**	»	**80**	»	**80**	»	**70**	»
Mines d'Anzin, actions..	8.255	7.200	9.125	8.000	8.750	7.700	8.900	—	9.550	8.375
	380	»	**350**	»	**310**	»	**310**	»	**310**	»
Le Printemps, actions...	512	462	494	450	498	431	485	430	445	415
	19 20		**19 20**		**21 30**		**22 40**		**22 40**	
Quatre Mines réunies de Graissessac...........	135	115	185	100	112	93	150	77	270	120
	10	»	**5**	»	**2 50**		**5**	»	**5**	»
Russo-Baltique pour Fabrication de Wagons....	1.065	795	1.210	810	1.195	540	870	592	810	630
	30	»	**Néant**		**Néant**		**Néant**		**10**	

NOTA. — Les chiffres du milieu de chaque colonne indiquent les dividendes de l'année versés par action

Des recherches très étendues, ont en effet, établi les deux faits suivants :

1° *Tous les bons titres à revenu fixe d'un même pays ont tendance à s'élever ou à s'abaisser ensemble dans leurs cours en Bourse.*

Ce qui est tout naturel, puisque, quoique dépendant d'industries diverses, ils sont soumis au même régime législatif, économique et financier, et puisqu'ils subissent les conséquences des mêmes crises générales (agricoles, industrielles et commerciales), des mêmes événements politiques et sociaux, et des conditions du même marché (conditions monétaires et autres).

Si donc on acquiert plusieurs bons titres à revenu fixe appartenant au même pays, on assujetit tout son capital aux mêmes risques et, le cas échéant, à une dépréciation d'ensemble ; même si ces titres, nous le repétons, relèvent d'industries différentes les unes des autres.

On le constatera aussitôt, en considérant les quatre tableaux ci-après, qui montrent la marche commune des fonds d'Etat et obligations industrielles en France et dans chacun de ces pays, Espagne, Argentine, Etats-Unis.

Dans chacun de ces graphiques, les lignes verticales figurent les années, les lignes horizontales de mêmes écarts en o/o. Les courbes, qui représentent la série des cours moyens en o/o des diverses obligations, font ressortir que, quels que soient leur nature et leur degré distinct de résis-

Mouvements des principales obligations Françaises de 1902 à 1913

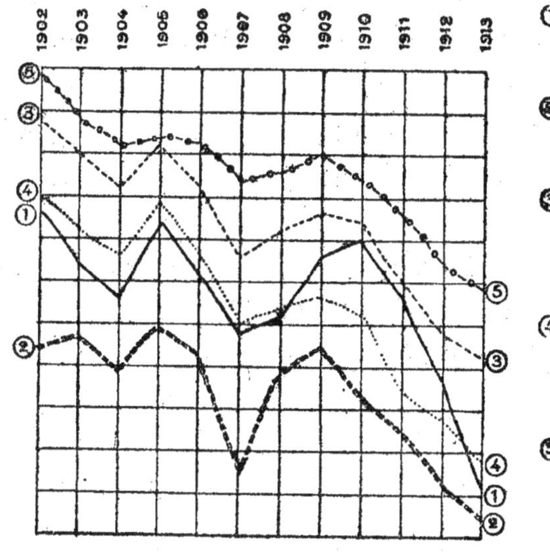

① Rente française 3 o/o perpétuelle.
(Fonds d'Etat).

② Ville d'Amiens obligations 4 o/o 1871.
(Emp. de Ville).

③ Crédit foncier de France, obligations foncières 1883 3 o/o
(Crédit Foncier).

④ P.-L.-M. obligations 3 o/o fusion nouvelle.
(Chemins de Fer).

⑤ Docks et entrepôts de Marseille oblition 3 o/o.
(Docks).

Mouvements des principales obligations Argentines de 1902 à 1913

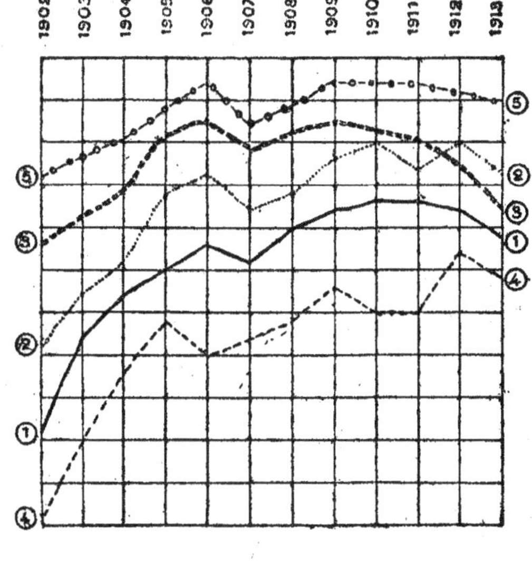

① Argentine obligations 5 o/o 1887 Treasury.
(Fonds d'Etat).

② Ville de Buenos-Ayres oblig. 4 ½ %
(Emp. de Ville).

③ Argentine Great Western Railway oblig. 4 o/o Irred.
(Chemins de fer).

④ Crédit Foncier de Santa-Fé, oblig. 5 %
(Crédit Foncier).

⑤ Consolidated Waterworks of Rosario obligation 4 o/o.
(Eaux).

Mouvements des principales obligations Espagnoles de 1903 à 1913

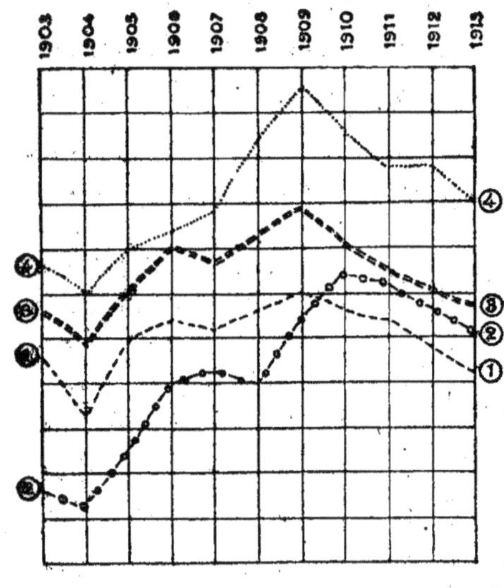

① Espagne 4 o/o exté-
rieure perpétuelle.
(Fonds d'Etat).

② Ville de Madrid obli-
gation 3 o/o 1868.
(Emp. de Ville).

③ Nord de l'Espagne
3 o/o 1ʳᵉ série.
(Chemins de fer).

④ Madrilène du Gaz
obligation 4 o/o.
(Eclairage).

Mouvements des principales obligations Américaines de 1903 à 1913

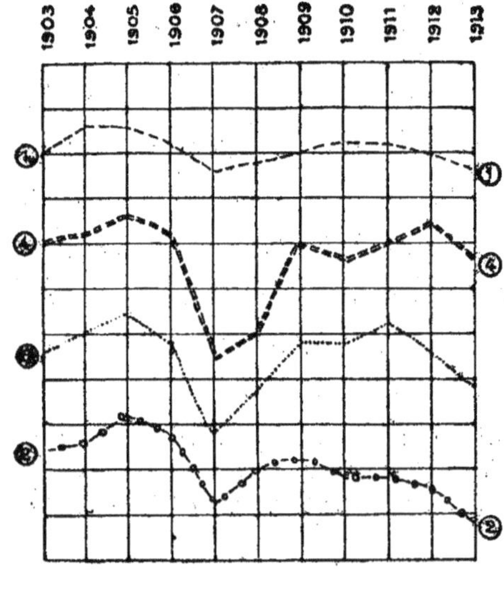

① Etats-Unis Gouver-
nement 3 o/o 1908-18.
(Fonds d'Etat).

② Baltimore & Ohio
oblig. 4 o/o 1948.
(Chemin de fer).

③ American Cotton Oil
oblig. 4 ½ % 1915.
(Industrie).

④ Western Telephone &
Telegraph obligation
5 o/o 1932.
(Téléph. et Télégr.).

tance (1), ces valeurs obéissent, dans chaque Etat, à des influences extérieures communes, suivent par suite des mouvements identiques.

2° *Au contraire, les mouvements de l'ensemble des bons titres à revenu fixe diffèrent de pays à pays.*

Il est exceptionnel que les bonnes obligations de deux Etats dissemblables subissent des mouve-

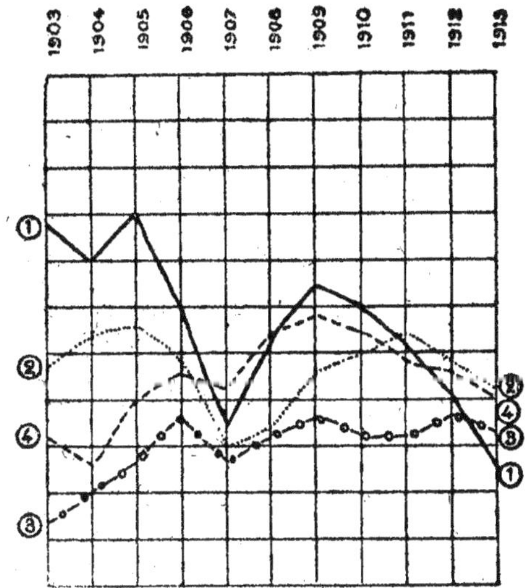

Mouvements comparés des p^{ales} obligations de France, Argentine, Espagne, Etats-Unis de 1903 à 1913.

① Principales Obligations Françaises.

② Principales Obligations Américaines.

③ Principales Obligations Argentines.

④ Principales Obligations Espagnoles.

ments similaires ; ce qui se conçoit puisque de telles valeurs sont soumises à des régimes législatifs et financiers différents et à des conditions économiques et sociales tout autres. Il suffit, pour s'en rendre compte, de jeter les yeux sur le graphique ci-dessus, qui fait ressortir le non-

---

(1) Les variations particulièrement accentuées de la Rente française, des obligations Ville d'Amiens et Nord de l'Espagne ont obligé à tracer leurs courbes à une plus petite échelle dans les graphiques 1 et 3.

parallèlisme des mouvements des valeurs dans les quatre Etats précités.

Ce graphique n'est que le résumé, la synthèse des quatre précédents. Il représente par une courbe le mouvement moyen des valeurs à revenu fixe de chacun des Etats envisagés.

En le considérant, on remarque aussitôt que, de 1903 à 1913, les obligations françaises ont subi, en dépit de deux reprises en 1905 et 1909, une chute grave. Au contraire, les obligations argentines ont suivi une courbe ascendante, c'est-à-dire qu'elles ont bénéficié — sauf un recul momentané en 1907 et 1910 — d'une hausse.

Les valeurs américaines ont connu des fluctuations très accentuées, surtout lors de la grande crise de 1907 ; mais elles se retrouvent finalement près du point de départ. Les valeurs espagnoles ont également varié, mais parviennent à des cours plus élevés en 1913 qu'en 1903.

On constate que, sauf en 1907, où la crise américaine a eu une repercussion en France et a légèrement agi sur les titres espagnols et argentins, les décroissances et les reprises ne coïncident pas de pays à pays. Les mouvements des valeurs de ces quatre Etats se contrarient et aboutissent à des points différents.

Ces contrastes seraient naturellement plus frappants, si nous avions considéré les titres à revenu fixe d'autres nations, en Asie, en Afrique, dans l'Amérique du Centre, etc.. Les Etats en effet qui sont très éloignés les uns des autres, ou très différents, présentent une vie économique et financière dissemblable, que reflètent leurs valeurs (1).

Le *signe extérieur*, qui décèle le risque prépondérant d'un bon titre à revenu fixe, c'est donc son origine géographique.

De la sorte, si l'on choisit soigneusement de bonnes obligations de pays différents à tous égards comme la France et l'Angleterre, et d'Etats très distants les uns des autres comme les suivants : Suède, Autriche, Japon, Egypte, Canada, Mexique, Argentine ; si l'on y adjoint des titres analogues pris parmi ceux des industries internationales, telles que les Compagnies de navigation, de télégraphie ou de câbles maritimes : on crée une diversité bienfaisante de mouvements dans son portefeuille. On différencie les risques auxquels on s'expose et, par suite, on tend à les neutraliser les uns par les autres. Il n'est pas douteux que quelques-uns de ces titres subiront des dépréciations ; mais alors, les autres, en raison des influences opposées qui s'exercent sur eux, bénéficieront d'une hausse — sauf peut-être deux ou trois, qui maintiendront leurs cours : le montant du capital placé demeurera relativement stable.

---

(1) Il faut bien comprendre la portée de ces faits. Ce sont les bonnes valeurs *indigènes* des Etats qui suivent, dans chacun d'eux, les mêmes mouvements, et, de pays à pays, des mouvements différents. Ce ne sont point les valeurs *cosmopolites* à clientèles et marchés coexistant en divers Etats et qui servent plus ou moins aux opérations " d'arbitrage " international.

Il en est de même avec les titres à revenu variable : mais la compensation des risques de ces valeurs ne peut être obtenue de façon certaine; car l'amplitude de leurs mouvements dépend surtout, comme nous le verrons plus loin, de causes internes ; et ces causes peuvent être soit en concordance, soit en contradiction avec les influences externes, soit plus faibles, soit plus fortes. C'est ce qui ne saurait advenir, le raisonnement et l'expérience le démontrent, avec les bonnes obligations.

La conclusion de ces observations est celle-ci : *c'est qu'il faut choisir des titres à revenu fixe soumis à des influences économiques et financières différentes, en les prenant dans des pays tout à fait dissemblables : on obtient ainsi que la valeur totale des titres possédés demeure stable.*

En définitive, un capitaliste qui acquiert des valeurs, sans réfléchir aux influences extérieures qu'elles subissent, et qui les réunit pêle-mêle dans son portefeuille est exposé à des pertes graves, même si les titres choisis sont bons. *Il a omis, en effet, cette précaution initiale, indispensable :* ne prendre que des valeurs d'origine dissemblable, propres par suite à céder à des mouvements contraires. La répartition des placements entre des zones géographiques différentes est le seul moyen connu jusqu'à ce jour, pour diviser efficacement les risques et pour les neutraliser.

CHAPITRE IV

La division des risques.

Ainsi donc il n'est point de valeur qui ne varie dans son cours. Il n'en est point qui n'implique des éventualités de baisse. Chaque acquéreur est tenu de subir ces risques. Et c'est seulement en effectuant une division géographique de ses placements, qu'il peut annihiler les effets de ces dépréciations. Car il met ainsi une partie de ses titres en état de se maintenir ou de s'élever, quand une autre fraction de ses valeurs se trouve en baisse ; ce qui tend à assurer la stabilité du capital.

Mais cette compensation des risques ne peut être pleinement réalisée que si le montant pécuniaire de la hausse obtenue et celui de la baisse encourue s'équilibrent. Pour cela, il faut que les différents placements soient de même qualité et qu'ils représentent une même somme.

Quantité égale des valeurs, qualité égale, telles sont les deux règles qui complètent la répartition des placements entre des zones d'influences diverses et qui forment ainsi ce qu'on appelle la Distribution Géographique du Capital.

Les observations suivantes montreront clairement la raison d'être de ces règles.

La division géographique fait que les mouvements de baisse et de hausse des titres sont différents les uns des autres. Mais si ces titres représentent une somme plus élevée dans un pays que dans un autre, par exemple, une somme double, la parité ne saurait s'établir entre la moins-value des uns et la plus-value des autres. A variations égales, en effet, la moins-value, portant sur des titres deux fois plus importants, serait aussi deux fois plus forte que la plus-value voisine. Il faut donc égaliser le montant pécuniaire des placements effectués dans les diverses zones géographiques.

De même, il importe d'en unifier la qualité. Car si l'on possédait la même valeur monétaire de titres dans deux pays, mais que les uns fussent, en raison de leur nature, susceptibles de très grandes fluctuations, tandis que les autres offriraient une bien plus grande résistance aux influences et, par suite, une bien plus petite variabilité, qu'adviendrait-il? Les premiers pourraient baisser dans une mesure beaucoup plus forte que les seconds ne s'élèveraient : on n'obtiendrait pas encore l'équilibre cherché. Au contraire, si l'on choisit des titres d'égale qualité — cette qualité naturellement étant la meilleure possible — ils présenteront une même amplitude de mouvements: ce qui permet d'atteindre la stabilité du portefeuille.

En résumé, il faut répartir son capital entre des titres soumis à des influences différentes, ces titres étant acquis en quantité égale et présentant des qualités identiques. De la sorte, il est indifférent que quelques-unes de ces valeurs soient atteintes par une baisse, les mouvements contraires des autres titres maintiendront toujours le montant total des placements à un niveau sensiblement le même.

La division géographique des placements assure donc, autant qu'il est possible, la stabilité du capital investi. Mais elle procure, en plus, les avantages suivants.

Chacun des titres possédés subissant des influences distinctes, un certain nombre d'entre eux présenteront toujours des cours fermes ou en hausse : ils pourront donc être vendus à des conditions favorables et, en tout cas, sans perte. Le capitaliste est ainsi en état de réaliser avantageusement une partie de son portefeuille, quand il lui convient.

C'est là une faculté précieuse. C'est, précisément, pour se la procurer, que l'on place ses capitaux en valeurs mobilières, au lieu de les immobiliser dans une commandite, un prêt hypothécaire, ou une acquisition foncière. Mais on ne peut se l'assurer vraiment, on le voit, qu'en pratiquant dans ses placements la division géographique.

En outre, le revenu annuel donné par un portefeuille ainsi réparti est très élevé. Une fortune placée exclusivement ou en majeure partie dans un vieux pays ne produit que la moyenne de revenu qui y est admis. Or, cette moyenne est très faible en raison de l'abondance de l'épargne d'une part, et, d'autre part, de la multiplicité des entreprises concurrentes travaillant à petit profit. Dans les pays neufs, au contraire, l'argent est plus rare et trouve plus d'emplois nouveaux et lucratifs : il est donc plus recherché et, par suite, il se paie bien plus cher.

Les capitalistes agiraient imprudemment en engageant tous leurs fonds en dehors de l'Europe. Mais en pratiquant la division géographique, qui leur garantit une sécurité et une stabilité hors de pair, ils obtiennent un revenu très avantageux. Ils ont, en effet, une part de leurs fonds placés dans un certain nombre de pays neufs. Le taux qu'ils retirent de leur fortune représente ainsi la moyenne du loyer de l'argent en usage dans tous les pays du monde. Cette moyenne est toujours de 1 à 1,50 % plus élevée que le loyer moyen de l'argent dans la vieille Europe : différence qui équivaut à une augmentation d'un *tiers* environ du revenu des placements ordinaires.

Ainsi donc, conservation du capital, stabilité, faculté de réalisation partielle à toute époque, revenu avantageux, telles sont les conséquences normales de la répartition géographique de ses capitaux (1); on le verra plus clairement encore au cours des chapitres suivants.

----

(1) Cette méthode est l'objet de développements étendus dans l'un des plus importants ouvrages de M. Henry Lowenfeld : *Comment choisir, comment gérer ses placements.* Traduit et Edité par FINANCE-UNIVERS, (et Félix Alcan).

CHAPITRE V

Placement stable — Spéculation — Jeu

Les précédents chapitres font entrevoir au lecteur ce qu'est un placement stable : il est aisé maintenant d'en donner la définition.

Des économistes réputés ont déclaré qu'il n'y a pas une différence sensible entre un placement et une spéculation. Ils se basent sur ce fait incontestable qu'on ne peut jamais être sûr de vendre un titre quel qu'il soit — spéculatif ou bien gagé — au prix auquel on l'a acheté. Tout acquéreur de titres spéculerait donc sur un avenir incertain.

Sans doute, ajoutent-ils, le spéculateur achète avec l'intention de vendre et le capitaliste avec l'intention de conserver les titres acquis. Mais qu'importe l'échéance plus ou moins lointaine de la vente : l'un et l'autre savent qu'un jour ils revendront leurs titres, à un prix qu'ils espèrent favorable, sans en être assurés : leurs achats ne diffèrent pas beaucoup en réalité. Tout placement serait donc une spéculation.

Ces économistes ont, à la fois, raison et tort. Ils ont raison en ce sens que la différence d'intention ne suffit point à établir une différence dans les actes : d'autant plus que l'intention n'est souvent pas respectée. Telle valeur, que l'on acquiert dans la pensée de la revendre sans retard à un prix avantageux, sera, en fait, conservée. Et tel titre, acheté pour être admis dans un portefeuille, est vendu pour faire place à un autre plus satisfaisant. Comment qualifier ces actes: spéculation ou placement? Peu importent les mots. Il est évident que ces opérations ne diffèrent pas sensiblement l'une de l'autre.

De même, le fait que l'acquisition est effectuée au comptant ou à terme n'en modifie pas la nature. Il est des gens qui spéculent au comptant et des capitalistes réfléchis qui font des achats ou des ventes à terme.

Ces économistes cependant ont tort. Car ils n'ont pas distingué la différence essentielle qui existe entre le placement et la spéculation. Cette différence réside dans la stabilité de l'ensemble des capitaux investis et, par suite, dans la construction du portefeuille.

Un portefeuille composé de manière à conserver une réelle stabilité représente — nul ne saurait le contredire — un placement. L'achat isolé d'un titre ou l'achat d'un certain nombre de valeurs sans lien et sans cohésion, constitue, qu'on le veuille ou non, en raison des risques encourus, une spéculation.

Si donc un capitaliste, après avoir établi un bon plan de placement, n'achète que des titres propres à s'étayer l'un l'autre, comme les briques d'une voûte, il ne spécule pas : il effectue, au contraire, un placement stable. Mais si, sans se préoccuper de former un ensemble homogène et résistant, il achète une série de valeurs susceptibles d'une dépréciation simultanée, peu importe qu'il les conserve ou non — il spécule.

De cette différence de nature et de construction, entre le placement et la spéculation, résulte cette autre différence essentielle dans les conséquences. Un placement stable est tel, qu'on peut en prévoir l'avenir. Le propre d'une spéculation, c'est, au contraire, d'exposer à une alternative hasardeuse de perte ou de gain.

On sait qu'un portefeuille dont le montant a été divisé également entre un certain nombre de titres à revenu fixe, de choix, de même quantité, de même qualité, et dont chacun se trouve soumis à des influences économiques et financières différentes, ne peut varier que très faiblement dans le chiffre total de sa valeur réalisable. Un portefeuille ainsi composé est donc éloigné de la spéculation.

Au contraire, une liste de valeurs réunies arbitrairement, sans souci des influences et des risques qu'elles impliquent, les unes étant prises pour donner un revenu maximum, les autres pour procurer une plus-value, d'autres encore pour demeurer stables, une telle liste donnera des résultats que nul ne peut prévoir ; c'est le hasard qui, seul, maintiendra ou non sa valeur totale. Elle représente une pure spéculation.

En définitive, c'est la division du capital entre

un certain nombre de titres à risques dissemblables, et la relation de ces titres entre eux, qui caractérisent le véritable placement. Seules, en effet, elles procurent la stabilité, qui est le propre de ce mode de gestion de capitaux.

L'acquisition de titres sans lien entre eux présente des aléas soustraits à toute prévision. Elle s'appelle spéculation.

****

Quelle est la différence entre la spéculation et le jeu? Elle est très apparente. Il y a jeu, lorsque l'acquéreur des titres n'est point en mesure de les garder, même si la vente doit être défavorable : en ce cas, il perd la différence entre le prix d'achat et le prix de vente. Jouer à la Bourse, c'est donc acheter plus de titres qu'on n'en peut payer ; c'est viser, comme gain, de simples différences de cours. Un joueur n'est pas maître de la situation.

Un spéculateur, au contraire, achète bien des titres isolés pour les revendre : mais il peut « tenir le coup » en conservant quelque temps ces titres. Un joueur est, quoiqu'il arrive, tenu de vendre. Le spéculateur peut attendre. Le joueur et le spéculateur qui calculent n'en sont pas moins tels, puisqu'il leur est impossible de prévoir, avec sûreté, les cours prochains des valeurs auxquelles ils s'intéressent (1).

____

(1) Nous ne prétendons nullement traiter ici de la spéculation ; nous entendons simplement marquer *qu'elle s'oppose de*

Nous ne critiquons ni la spéculation, ni le jeu. Chacun est maître de ses capitaux et de leur emploi. Il peut les affecter au genre d'achats en Bourse qui lui convient.

Mais le malentendu essentiel qu'il importe d'éviter, c'est d'effectuer telle sorte d'acquisitions, alors qu'on voulait en faire, en réalité, une tout autre.

Or, ce malentendu est très fréquent : il y a nombre de personnes, par exemple, qui se figurent avoir accompli un placement stable, alors qu'elles ont simplement effectué une spéculation.

Elles seraient très irritées, si on leur disait qu'elles spéculent. Elles répondraient qu'elles n'ont acquis que des titres de premier ordre, très bien garantis, ne présentant aucun élément spéculatif. Mais, du fait même qu'elles n'ont point assorti ces placements, de manière à ce qu'ils se soutiennent l'un l'autre, et compensent leurs risques respectifs, elles livrent l'avenir au hasard. Elles spéculent.

Les déceptions et les pertes qui peuvent survenir en pareil cas ne résultent point de la mauvaise chance, mais simplement de l'imprudence commise. La responsabilité en incombe au capitaliste,

---

façon complète au placement stable — sujet exclusif de ce livre.

On trouvera d'originales considérations sur la spéculation, sa nature, son rôle et ses conditions, dans le chapitre IX de *Comment choisir, comment gérer ses Placements* (ouvr. cité).

ou, si l'on préfère, à son défaut de clairvoyance.

Il est très facile de reconnaître soit le jeu, soit la spéculation. Mais distinguer ce qui est « placement » de ce qui est « spéculation » n'est point, en fait, aussi aisé. Il faut procéder à une analyse du portefeuille considéré à la lumière des principes exposés.

CHAPITRE VI

LES DEUX GRANDES CATÉGORIES DE VALEURS.

Nous avons exposé ce qu'est un placement stable et par quel système, fondé sur la nature et les mouvements mêmes des titres mobiliers, il est réalisable. Il nous faut étudier maintenant ces valeurs, dont nous savons l'essence et la variabilité foncière, mais dont nous ne connaissons point encore les diverses sortes et qualités.

Tous les titres mobiliers se divisent en deux catégories essentielles : l'une comprend les valeurs qui représentent des prêts, et l'autre, les valeurs qui représentent des participations.

Nombre de capitalistes méconnaissent l'importance de cette distinction élémentaire. Ils ne saisissent pas la différence profonde qui existe entre une obligation, un fonds d'Etat ou tout autre mode de prêt, — et une action ou participation. Cette différence est la suivante.

Le porteur d'une obligation, industrielle ou d'Etat, est un prêteur qui possède une créance sur la collectivité émettrice : celle-ci s'engage à lui rembourser intégralement le montant du prêt dans des conditions fixées au préalable et à une date déterminée. En outre, elle s'oblige à verser périodiquement un loyer, ou intérêt fixe, dont elle est redevable quel que soit son état de prospérité ou de déclin.

Le remboursement du capital à l'époque stipulée et la régularité de l'intérêt ne dépendent nullement de la volonté de la collectivité émettrice, ni de la marche de ses affaires, mais seulement des gages qui couvrent la créance. Si ces garanties sont suffisantes, le possesseur d'une obligation est assuré de recevoir ce qui lui est dû. Car, au cas où on lui refuserait de le lui verser, il l'obtiendrait par la voie judiciaire.

L'appréciation des conditions et gages d'un emprunt est aisée à faire avant toute acquisition. La plupart des sociétés qui émettent des obligations exposent les garanties accordées aux souscripteurs ; si elles ne le font point, on le constate en examinant leurs titres.

Les Etats emprunteurs, surtout les plus connus, n'offrent pas de gage matériel : c'est une des raisons qui rendent les obligations industrielles préférables pour les placements stables. Si un Gouvernement ne paie point les coupons de la rente, il n'y a que la voie diplomatique pour l'y contraindre et cette voie est, comme on sait, des plus incommodes. En outre, les Etats empruntent généralement sous forme de rente perpétuelle, c'est-à-dire sans engagement pour eux de rembourser le capital. Et ils se réservent néanmoins la faculté de réduire l'intérêt auquel ils sont tenus (ou d'imposer le remboursement au pair : droit de conversion). Ces conditions exceptionnelles, auxquelles il faut joindre l'instabilité propre à ce genre de titres, rendent les fonds d'Etats beaucoup moins avantageux qu'on le croit communément.

Les emprunts de Villes n'offrent pas toujours non plus des garanties matérielles nettement déterminées ; mais on peut contraindre une Ville par autorité de Justice à exécuter ses engagements.

Mieux vaut encore avoir comme couverture de son prêt un gage réel, tel que celui qu'offrent, en général, les bonnes obligations industrielles.

Ce gage peut être général ou spécial. Général, il est formé pour les obligations par le capital social, ou, si l'on préfère, par l'actif net de la société : on trouvera toutes explications utiles sur l'évaluation d'une telle garantie dans le chapitre suivant. Spécial, il est constitué par l'affectation d'un nantissement, d'une hypothèque, d'une garantie extérieure (donnée par un Etat, une Ville, une autre Société), etc..., à la couverture de l'émission obligataire : il faut dès lors en examiner attentivement la valeur. La plupart des obligations étrangères, à la différence des obligations françaises, présentent un gage spécial, une couverture propre, définie dans les conditions de l'émission.

On le voit donc nettement : les obligataires, étant exclusivement des prêteurs, n'ont aucun intérêt dans l'entreprise émettrice tant qu'existent les gages qui couvrent leur créance. Leur position est comparable à celle d'un Crédit Foncier vis-à-vis des propriétaires d'immeubles ou de terrains auxquels il a consenti des avances. De ce que le Crédit Foncier a prêté cent mille francs à un propriétaire sur son domaine ou sa maison, il ne s'ensuit nullement qu'il participe au développement de ce bien. Son seul souci, son seul gain est de percevoir régulièrement l'intérêt annuel stipulé. Un certain nombre des propriétés hypothéquées peuvent dépérir. Tant que leur valeur ne diminue point de moitié, le Crédit Foncier s'en désintéresse, parce que son prêt n'est point en danger. Ce sont les propriétaires qui subissent la perte.

La situation des actionnaires, au contraire, est analogue à celle de ces propriétaires. Ce sont eux qui, en tant que participants, qu'associés, souffrent de tous les aléas de l'entreprise. Si elle se développe, ils en bénéficient ; mais si elle décline, ils se trouvent lésés. Le dividende est proportionné aux bénéfices réalisés : il s'accroît ou disparaît avec les profits nets qu'obtient l'entreprise. Or, ce profit varie nécessairement selon les conditions de l'exploitation et suivant l'effet de la concurrence. Même s'ils ne reçoivent aucun dividende, les actionnaires ne peuvent exiger le remboursement de leur capital, puisqu'ils sont associés. Quand la société se liquide, l'actif social sert à désintéresser les créanciers — les obligataires— ; seul, le reliquat, s'il en reste un, est partagé entre les porteurs d'actions. (1) — Sans doute, il est de très bonnes actions ; mais en raison de leur nature même, les titres à revenu variable sont beaucoup plus spéculatifs que les bonnes obligations.

La sécurité d'une obligation est aisée à déterminer. On apprend à le faire dans un très court délai. Juger la solidité d'une action est, au contraire, chose des plus délicates, et nombre de gens expérimentés s'y trompent. Il n'est pas nécessaire de deviner l'avenir d'une entreprise dont on acquiert l'obligation : il suffit de vérifier les garanties de ce titre. L'émission dont elle fait partie est-elle couverte et au delà par les gages présentés? Le revenu est-il couvert et au delà par les dividendes régulièrement distribués aux actionnaires?

------

(1) L'action implique l'existence d'une société, tandis que l'obligation, nous l'avons vu, peut être émise par un Etat, une ville, etc... Les sociétés par actions (en commandite et anonymes) sont des sociétés de capitaux; dont le capital est divisé en parts égales, ou actions, cessibles à des tiers, et dont les associés, ou actionnaires, ne sont tenus des dettes sociales que jusqu'à concurrence du nominal de leur part. La loi française exige le groupement d'au moins 7 actionnaires pour la formation d'une semblable société. Elle fixe à cent francs le montant minimum de l'action dans les sociétés d'un capital supérieur à 200.000 francs; le quart de ces actions doit être versé pour que la Société soit constituée. Si l'action est acquise en Bourse *non entièrement libérée* — même à un cours supérieur au pair — le possesseur sera donc appelé, en cas de liquidation, à verser la différence entre la partie libérée et le nominal de son titre, d'où les risques inhérents aux actions non libérées. La société peut d'ailleurs, sans attendre cet évènement, faire appel aux fractions non versées.

Quand, au contraire, on acquiert une action, c'est-à-dire une part d'associé, il faut prévoir le sort de l'entreprise émettrice : d'autant plus que le capital-actions n'est jamais complètement couvert par les ressources que la Compagnie a pu amasser. Cette société, en effet, a-t-elle été assez heureuse pour retenir d'importants bénéfices ? Le prix de ses actions s'élève fort au-dessus du pair : le capital qu'elles représentent ainsi en Bourse est, dès lors, fort supérieur au montant desdites épargnes, de l'actif réel net (1).

Les actions n'offrent donc point, sauf exception, de gage réel pour le montant de leur prix d'achat, s'il est supérieur au pair. Et elles impliquent des risques beaucoup plus étendus que les obligations.

Ces différences montrent jusqu'à quel point les obligations sont supérieures aux actions en tant qu'instruments de placement stable (2).

S'agit-il de spéculation ? Les actions, au contraire, sont préférables. Il existe, en effet, un prix que les obligations ne peuvent dépasser. Ces valeurs

---

(1) Voir sur ce point le chapitre suivant, p. 57

(2) Autres différences : Les actionnaires participent à l'administration des affaires sociales, mais non les obligataires.

Les obligataires, au contraire, peuvent demander la déclaration de faillite de la société, mais non point les actionnaires. — La souscription aux actions d'une société commerciale est un acte de commerce qui ressort des Tribunaux de Commerce : l'engagement de l'obligataire est, au contraire, purement civil. — Le remboursement fait à l'obligataire à la date convenue éteint tous ses droits. L'amortissement d'une action la transforme en action de jouissance.

ne donnent droit, jusqu'au remboursement, qu'à un intérêt fixe. Elles ne procurent aucune participation aux profits non plus qu'aux pertes. Par conséquent, s'il arrive que la Compagnie double ou triple ses bénéfices, l'obligation ne produit point le plus léger supplément de revenu. Son cours en Bourse ne saurait donc s'élever. Il reste, en fait, déterminé par le loyer moyen de l'argent usité dans le pays.

L'action, au contraire, n'est point limitée dans ses cours, son revenu étant essentiellement variable. Une action peut soit tomber à zéro, soit s'élever à deux ou trois fois le prix qu'on a versé pour son achat et bien davantage encore. C'est pourquoi tous ceux qui veulent spéculer recherchent les titres à revenu variable, susceptibles de telle hausse, et non point les titres à revenu fixe (1).

Cependant, on peut réaliser un gain beaucoup plus sûr avec les obligations, si on prend soin de les acheter au-dessous du pair et remboursables dans un délai assez proche. On bénéficie, en effet, dans ce cas, de la différence entre le cours et le remboursement au pair. Il ne manque point, sur le marché, d'obligations qui se trouvent dans ces conditions. Nombre de capitalistes, en effet, ignorant la nature exacte de ces titres, les vendent

---

(1) Les impôts atteignent en fait, dans notre pays, de telles actions beaucoup plus lourdement que les obligations. (Cf. Jean SAY, dans *Finance-Univers* du 15 Avril 1914.

malgré leurs garanties, dès que l'entreprise émettrice fait des affaires moins avantageuses. Il n'est point rare qu'ils ne les cèdent, alors, à un prix très bas. Ce sont là de véritables occasions pour le capitaliste clairvoyant qui, en les achetant, est assuré d'augmenter son capital sans risque aucun. Mais il ne faut point oublier que si ces obligations sont susceptibles de hausse, il y a une limite qu'elles ne peuvent, à cet égard, dépasser. Acquérir ces titres au-dessus du pair serait une mauvaise opération, parce qu'on serait exposé à perdre cet excédent en cas de remboursement.

Il est des obligations auxquelles sont attachées des chances de lots. Cette perspective de gain est, en réalité, assez onéreuse. Mieux vaudrait, pour s'enrichir, jouer à la roulette. Les émetteurs, en effet, font en sorte que le gros lot soit payé non point par eux, mais par les détenteurs des titres. Pour cela, ils déduisent son montant de l'ensemble des intérêts annuels promis aux obligataires. L'acquéreur du titre ne reçoit donc qu'un revenu amoindri et les chances de gain qu'il se procure ainsi sont en réalité, inférieures au prix payé sous cette forme.

Il existe plusieurs sortes d'obligations, les obligations ordinaires, les obligations hypothécaires, etc... et maintes sortes d'actions. Les plus connues sont les actions de priorité : elles prennent rang après les obligations, mais avant les actions ordinaires : cela, dans les conditions fixées aux statuts de l'entreprise émettrice et lors de l'émission. C'est ainsi qu'elles donnent droit le plus souvent à un dividende déterminé, versé avant toute distribution de bénéfices aux actionnaires ordinaires ; de même, en cas de liquidation, elles peuvent donner droit à un prélèvement sur l'actif net (subsistant après paiement des dettes et des obligations) jusqu'à concurrence de leur nominal (1).

Ce qu'il importe essentiellement de retenir, c'est la différence existant entre les deux grands groupes de valeurs : d'un côté, les titres à revenu fixe ou obligations, qui constituent des prêts — de l'autre, les titres à revenu variable ou actions, qui constituent des parts d'associés. Le premier groupe est le seul qui permette d'effectuer des placements véritablement stables. Toute action, au contraire, comprend un élément indéterminé, spéculatif.

Ne point spéculer, c'est, en effet, connaître les risques auxquels on est exposé et se couvrir par une division scientifique telle que celle précédemment décrite. Quand on acquiert une bonne obligation on sait les risques qu'elle implique : ces risques sont réduits, puisque, en raison

---

(1) Citons aussi les actions de jouissance, dont le capital nominal a été amorti (remboursé) et qui ne donnent droit qu'à un dividende diminué (de l'intérêt normal de ce nominal). En cas de liquidation, elles donnent droit au partage de l'actif net, après remboursement du pair des actions non encore amorties. On trouvera la description d'autres sortes d'obligations et d'actions dans la préface de l'*Annuaire Finance-Univers* — et, surtout pour les titres étrangers, dans *Comment choisir, comment gérer ses placements*, (ouvrage cité) chap. VI.

des gages existants, ils ne dépendent guère que des influences extérieures, crise économique, événement politique, etc... Or, la division géographique annihile, en les compensant, ces baisses possibles.

Au contraire, quand on acquiert une action, on ne sait à quels aléas on s'expose, puisque cette action, sans couverture certaine, constitue une participation à une entreprise aléatoire. Toute action implique, outre les risques d'ordre extérieur, des risques intrinsèques d'une ampleur presque impossible à déterminer. C'est pourquoi on ne peut que difficilement compenser ces risques. Acheter un titre à revenu variable, c'est sauf exception, faire une opération d'ordre plus ou moins spéculatif.

CHAPITRE VII

COMMENT JUGER UN TITRE ?

L'appréciation des garanties d'un titre est l'un des actes les plus délicats, qu'ait à accomplir un capitaliste. Elle n'offre toutefois aucune difficulté, s'il s'agit d'une valeur à revenu fixe, puisque, nous l'avons vu, elle se résoud alors en l'évaluation d'un gage. Elle est au contraire très difficultueuse, s'il est question d'une valeur à revenu variable, parce qu'elle implique l'étude de l'entreprise elle-même, de ses conditions d'existence, de ses moyens de développement, etc.

Bien des personnes éclairées estiment cependant que la seule façon de juger les valeurs industrielles — actions et obligations — est de le faire d'après les bilans de l'entreprise émettrice. C'est peut-être exact théoriquement, mais non point en fait.

Il existe, en effet, pour les titres à revenu fixe, un mode d'estimation plus simple. Il ne présente point, comme le précédent, un aspect scientifique ; il est même nettement empirique ; mais, imaginé et utilisé par des financiers de la plus grande expérience, il est pratiquement excellent. Il consiste à juger les garanties de l'obligation industrielle d'après la position respective et le passé des diverses émissions de l'entreprise émettrice (1).

______

(1) Il est question ici, bien entendu, de l'obligation qui n'offre qu'un gage général. Car si un gage spécial lui est

S'agit-il, par exemple, d'une obligation qui n'est primée par aucun autre titre ? On considère le montant de l'émission dont elle fait partie : on le compare au montant des autres émissions de la même société,dont le capital ne doit être remboursé et dont le revenu ne doit être payé qu'après ceux de l'émission envisagée. Ces émissions là forment, en effet, la couverture de celle-ci.

Mais elles ne remplissent effectivement ce rôle, que si elles sont productives d'un dividende régulier d'au moins 3 o/o. Dès lors, il suffit de comparer le montant de l'émission obligataire au total des émissions prenant rang après, pour voir si elle est couverte deux fois ou trois fois, quant au capital : ce qui est la mesure désirable.

De même, il suffit de comparer le montant des intérêts obligataires au total des dividendes distribués ensuite, pour voir s'il est couvert aussi deux ou trois fois (1).

Ce procédé est, on le voit, très rapide et il est très suffisamment sûr ; car une société peut bien

---

affecté (hypothèque, nantissement ou garantie extérieure), il suffit d'en vérifier la valeur pécuniaire et de constater si elle excède suffisamment le montant de l'émission obligataire.

(1) Il faut, bien entendu, que ces dividendes ne soient point exceptionnels, mais soient au contraire régulièrement versés depuis plusieurs années.

On peut considérer comme une couverture suffisante les émissions de rang postérieur même non productives d'un dividende de 3 o/o, si leur montant est très élevé par rapport à celui de l'émission envisagée. Encore faut-il qu'elles donnent un revenu de 1 à 2 o/o dont le total excède trois fois celui des arrérages versés aux obligataires de premier rang.

modifier arbitrairement les chiffres qu'elle porte à son bilan ou même celui de ses bénéfices ; mais, si elle ne fait pas des affaires suffisantes, elle ne peut verser *de façon régulière* des dividendes.

Si la couverture du capital et des intérêts de l'émission envisagée n'apparaît point vraiment large, on pourra compléter cet examen en jetant un coup d'œil sur la situation de la société.

Car, que peut-il advenir ? Une société sans crédit bien établi et assez à court peut recourir à l'expédient suivant : contracter un emprunt par devant notaire, en hypothéquant son actif immobilier ou donnant en nantissement son portefeuille-titres. En cas de liquidation, ses obligataires se trouveront primés par ce créancier privilégié.

Le capitaliste avisé s'assure que la société à laquelle il s'intéresse n'a point agi ainsi en lisant au passif de son bilan la liste de ses engagements : il voit si un gros emprunt à court terme y est porté.

Il s'assure qu'elle n'a point besoin de se comporter de la sorte à l'avenir, en vérifiant d'une part le chiffre de ses réserves *réelles* (c'est-à-dire ayant une représentation dans l'actif réel) et, d'autre part, la situation de sa *trésorerie*.

La lecture sommaire, quoique attentive, d'un bilan complète donc heureusement la méthode d'appréciation indiquée (1). Mais elle n'est vraiment nécessaire, que dans le cas suivant :

____

(1) On trouvera plus loin, p. 53, toutes explications utiles sur les bilans, leur composition et la manière de les analyser.

1° lorsque cette méthode ne fait point apparaître une condition excellente pour l'émission envisagée, et pour les autres émissions (ainsi quant à l'élévation de leurs dividendes) ; 2° s'il est néanmoins utile de poursuivre son investigation : car, en règle générale, il faut s'abstenir d'acquérir — et de conserver — des valeurs à revenu fixe dont le gage semble, ainsi, mal assuré. (1)

Ce mode d'appréciation est non moins probant, quand il s'agit d'une obligation de second rang. On dégage ses garanties par les comparaisons de chiffres indiquées, sauf cette légère variante : on déduit du total des émissions qui prennent rang après le titre en question le chiffre de l'émission qui prend rang avant : le solde seul forme couverture pour l'émission intermédiaire ; ce solde

---

(1) C'est pour répondre à toutes ces exigences que l'*Annuaire Finance-Univers* a été fait. Aussi comprend-il la série des émissions de chaque Société (par ordre d'appel en cas de liquidation), — leurs résultats (cours extrêmes, rendement indiquant la stabilité, *revenu*) depuis cinq ans — enfin, une analyse du bilan faisant ressortir la réserve réelle de chaque entreprise, et l'excédent de ses valeurs réalisables sur sa dette courante : ce sont là toutes les indications dont a besoin un capitaliste pour apprécier un titre à revenu fixe.

C'est en France surtout qu'il advient que les obligataires se trouvent primés par des créanciers à court terme. Car à l'étranger, il est d'usage d'affecter à chaque émission obligataire un gage ou une hypothèque spécial. On voit même des sociétés françaises, ayant une dette obligataire dans notre pays, faire une nouvelle émission obligataire *à l'étranger*, en lui affectant, selon l'habitude anglaise ou allemande, une hypothèque ou un nantissement : de sorte que, en cas de liquidation, les obligataires français se trouvent primés et frustrés. Nos lecteurs éviteront cette éventualité fâcheuse en procédant aux vérifications que nous leur indiquons.

doit en égaler trois fois au moins le montant.

Ce mode d'appréciation est-il valable pour les actions ? Oui, s'il s'agit d'actions de priorité; oui même à la rigueur s'il s'agit d'actions ordinaires couvertes par une émission importante d'actions différées (1) donnant un revenu régulier et élevé. On calcule les garanties de ces titres par les mêmes déductions et comparaisons que pour une obligation de second rang.

Mais non — cas le plus usuel — s'il s'agit d'une action ordinaire, qui participe, après versements à tous autres titres, au partage des profits. En ce cas, en effet, il ne peut y avoir de marge de sécurité, pour le capital placé, que dans *l'actif net* de la société, et pour le dividende, que dans le *bénéfice net :* force est de dégager ces chiffres de l'étude des bilans et comptes de profits et pertes.

Tel est le mode d'appréciation des **garanties des** obligations industrielles. Essentiellement pratique, d'application très simple, il suffit à la plupart des épargnants et rentiers. Il leur indique, avec précision, la couverture des titres à revenu fixe. Il leur permet de ne retenir que les mieux gagés (2).

(1) Actions existant dans certains pays étrangers, qui prennent rang après toutes les autres sortes de titres à revenu variable. Cf. *Comment Choisir, comment Gérer ses Placements,* (ouv. cité) Chap. VI.

(2) Toutefois, les Sociétés de Crédit foncier, consentant des prêts immobiliers au moyen des capitaux qu'elles se procurent par l'émission d'obligations, n'ont pas besoin d'un capital-actions comparativement élevé et ne le possèdent point en fait. Leurs obligations sont bien garanties si : 1º le montant

Voyons maintenant comment il convient d'étudier une société — d'après le bilan qu'elle est tenue de soumettre chaque année à ses actionnaires — pour dégager la valeur intrinsèque de ses titres à revenu variable (1).

Et tout d'abord qu'est-ce qu'un bilan ? C'est, en termes très simples, l'état, d'une part, *à l'actif*, de ce que *possède* une société, et, d'autre part, au *passif*, de ce qu'elle *doit*.

Par ce qu'elle *possède*, il faut entendre ses immobilisations (usines, magasins, terrains, outillage, etc...), son actif engagé (approvisionnements, participations, prêts divers, etc...) et ses disponi-

---

des obligations émises est inférieur au montant des hypothèques possédées ; 2° ces hypothèques portent sur des immeubles de valeur stable et non spéculative ; 3° la Société ne prête que l'équivalent de la moitié de la valeur de ces biens.

Les valeurs de mines (obligations et surtout actions) sont particulièrement aléatoires. Le propre de ces entreprises est, en effet, de détruire leur actif (filon ou gisement) au cours de leur exploitation. Beaucoup d'entre-elles ne le reconstituent pas par des épargnes suffisamment élevées.

Les titres nouvellement émis d'un Etat, d'une Ville, ou d'une Société existante peuvent s'apprécier, selon cette méthode, d'après le sort des précédentes émissions faites par ces collectivités. S'il s'agit, au contraire, d'une société nouvelle, l'appréciation de ses titres est très délicate. Un capitaliste prudent s'abstiendra donc de les acquérir. On trouvera toutefois toutes indications utiles sur la manière de juger les émissions nouvelles dans « *Comment Choisir — Comment Gérer ses Placements* », (ouvr. cité) chapitre 7.

(1) Bien entendu cette méthode permet aussi de mesurer les garanties des obligations. Mais, tandis qu'on peut, comme nous venons de le voir, les apprécier avec une approximation suffisante, sans y recourir, on est obligé de l'utiliser pour connaître la valeur réelle des actions.

bilités (parts d'actions non perçues, dépôts en banque, effets à percevoir à court terme, encaisse).

Ce qu'elle *doit* comprend simplement, en sus de sa
dette-obligataire, des engagements à long ou à court
terme (avances obtenues, sommes dues aux four-
nisseurs, cautionnements encaissés par elle, etc...).
On trouve, dans les bilans, ajouté à ce « doit »
réel, un « doit » fictif. Mais ce « doit » fictif
n'entre point en compte dans l'étude du passif
vrai de l'entreprise, puisqu'il représente ce que la
Société a reçu et conservé, soit comme capital-
actions, soit comme bénéfices non distribués,
(réserves) : c'est-à-dire ce dont elle est redevable
vis-à-vis d'elle-même (ou de ses associés).

Il semble au premier abord qu'il est facile de
dégager, au moyen d'un tel bilan, l'avoir libre
de la société envisagée. Il suffit de soustraire de
l'actif le montant du passif réel (engagements à court
terme et dette obligataire) : on trouve le chiffre
de l'*actif net* de l'entreprise, qui forme naturellement tout d'abord la marge de sécurité des obligations, et en second lieu la représentation, la
couverture du capital-actions. Mais, dans la réalité, ce calcul est des plus décevants.

A quel prix, en effet, ont été évalués les biens
qui figurent à l'actif ? Est-ce au prix auquel on les
vendrait, en cas de liquidation ? Ce devrait être
la règle, mais ce n'est malheureusement pas l'usage
général .

Dans tels bilans, les immobilisations figurent pour leur coût de revient. Or, ce coût ne signifie rien, pour qui veut évaluer les ressources réelles de l'entreprise et les garanties de ses titres. Car il est deux fois, cinq fois, dix fois plus élevé que le prix de réalisation éventuelle. Nul n'ignore qu'une usine, un outillage se vendent, en cas de liquidation, pour une somme très faible, comparée aux frais d'établissement.

Dans d'autres bilans, les immobilisations sont portées pour une somme, diminuée d'année en année d'un certain chiffre d'amortissement pour usure et dépréciation. Mais cette somme n'est-elle point supérieure encore à leur valeur marchande ?

Des entreprises jeunes, ou qui ne réalisent pas de bénéfices suffisants, ajoutent au contraire au coût de revient des immobilisations les frais de constitution, d'émission, de brevets ou de développement de la société (impôts, honoraires versés, dépenses de publicité, etc...) : les chiffres qu'elles inscrivent peuvent correspondre aux écritures de leurs livres-comptables, ils n'en sont pas moins propres à tromper grossièrement le capitaliste, qui croit réelle la valeur de l'actif portée au bilan.

De même, les mentions relatives à l'actif engagé peuvent être très fallacieuses. Les approvisionnements devraient être évalués à leur valeur liquidative : souvent, ils sont portés pour leur coût de revient, ou même, s'ils consistent en produits destinés au commerce, pour ce coût grossi d'un bénéfice éventuel de vente : ce sont là, cependant, des chiffres très supérieurs à celui qu'ils atteindraient, en cas de liquidation. De même aussi des créances de recouvrement douteux figurent souvent pour leur valeur nominale parmi les effets à percevoir. Et des titres mobiliers sont inscrits dans le portefeuille à un cours supérieur au cours éventuel de vente.

Enfin, l'on voit souvent mentionnées à l'actif d'un bilan des non-valeurs, qui représentent de simples pertes (profits et pertes, primes de remboursement, etc...).

En définitive, il n'est point un seul poste, à l'actif, qui ne puisse induire gravement en erreur le capitaliste livré à l'étude d'un bilan. Comment serait-il assuré d'évaluer ainsi le gage des titres qui l'intéressent ?

Admettons néanmoins qu'il ait su dégager *l'actif réel net*. C'est cet excédent, nous l'avons vu, qui forme, d'une part, la marge de sécurité pour les obligations, et, d'autre part, la représentation, la couverture des actions. Mais, en cas de liquidation, cet actif pourra fort bien être cédé à un chiffre encore inférieur à sa valeur présumée ; on estime donc qu'il ne couvre vraiment un capital-obligations que s'il en représente le double ou le triple. Cette proportion est, d'ailleurs, fréquemment réalisée (1).

____

(1) Il y a lieu, en outre, de vérifier si les *disponibilités* de

Le surplus forme seul, nous le répétons, le gage des actionnaires. *Ce gage est toujours insuffisant, dans les sociétés qui réussissent* : car leurs actions s'élèvent en Bourse à des cours excessifs. Et le nominal seul de ces titres continue à figurer dans le bilan et à présenter une compensation dans l'actif. L'énorme prime de ces actions en Bourse (différence entre leur pair et leur cours effectif) se trouve donc *sans couverture réelle dans l'actif de l'entreprise émettrice*. Elle est simplement représentée en ce cas, par la valeur de la marque de la société : représentation combien insuffisante ! (1)

Le gage du capital étant ainsi mis en lumière, quel est le gage du revenu de l'émission envisagée ? Il consiste dans le *bénéfice net* de la société, qu'indique le Compte des Profits et Pertes. Nous pourrions faire ici des observations analogues à celles

la société étudiée couvrent ses *exigibilités* immédiates. Une société opulente, mais dont l'avoir serait immobilisé, pourrait, en effet, en temps de resserrement monétaire, être mise en liquidation par défaut de disponibilités. Non seulement donc la situation d'ensemble de la société doit être bonne, mais plus particulièrement sa trésorerie doit être à l'aise.

(1) Nous avons nettement établi ce point dans *Les Valeurs Françaises depuis* 10 *ans*, p. 67 et 116 notamment. Qu'on nous permette de reproduire ce passage, très caractéristique : « Prenons un exemple : La Bénédictine, dont l'actif réel (immobilisations, actif engagé, disponib lités) égale (déduction faite des exigibilités), 6.331.223 francs, couvre complètement son capital-actions, qui est de 2.500.000 francs. Mais les 5.000 actions, qui composent ce capital, ayant passé en Bourse de 500 francs (nominal) à 9.831 fr. 24 (cours moyen de 1910), il faudrait que la Société possédât un actif réel net supérieur à leur montant, 49.156.000 francs, pour assurer, en cas de liqui-

qui ont trait au bilan proprement dit ; montrer combien il est aisé de faire apparaître un bénéfice majoré ou même fictif : il suffit par exemple de ne point procéder aux amortissements nécessaires. Force est donc de vérifier de très près la manière dont l'entreprise établit ce solde annuel. Le bénéfice réel net suppose naturellement que les intérêts des obligations ont été déjà couverts. Il forme donc pour eux, une marge de garantie. Mais il comprend au contraire les dividendes des actions. Il faut donc soustraire de son chiffre le montant de ces dividendes, afin de voir s'il existe aussi pour eux une marge de garantie (1).

On voit combien cette méthode d'appréciation,

---

dation subite, le remboursement intégral des acquéreurs actuels : chose contraire aux possibilités de fait, comme aux exigences raisonnables.

« Il en résulte que les meilleures actions, celles qui procurent à leurs possesseurs le gain le plus élevé, sont les moins gagées. Elles n'ont point, dans l'actif social, de contrepartie égale. On peut dire, il est vrai, qu'elles sont garanties, dans une certaine mesure, par la grande valeur de la marque. C'est ainsi qu'il conviendrait d'ajouter à l'actif réel de la Bénédictine le triple environ de ses bénéfices annuels, auquel peut être évalué le prix de sa firme (actuellement éliminé des immobilisations). Mais la marge reste grande entre le montant des actions au cours de Bourse et l'actif ainsi grossi.

« C'est ce qui met en évidence le caractère spéculatif de l'action, qui n'a rien d'un prêt remboursable comme l'obligation, pour lequel un gage peut être, en fait, toujours exigé ; mais qui est essentiellement une *participation aux bénéfices*, impliquant un capital aventuré. »

(1) Il est des Sociétés (Compagnies de Chemins de fer, tramways, canaux, docks, gaz et électricité, eaux, télégraphes et téléphones) dont le *bénéfice net annuel* prend, au point de vue des garanties des titres, une importance exceptionnelle. Constitués en vue d'une exploitation spéciale, la plupart de leurs

théoriquement excellente nous le reconnaissons, est en fait difficile à appliquer et fertile en méprises peu évitables et graves. C'est précisément dans les cas où il importerait de dégager la situation vraie d'une société, que cette manière de juger devient le plus périlleuse. Car, lorsqu'une entreprise ne donne point de bons résultats, ses administrateurs et directeurs, désireux avant tout de sauvegarder le crédit nécessaire à la continuation des opérations, s'efforcent d'atténuer, de « gazer » la réalité : ils présentent donc le bilan sous une forme très fallacieuse.

Aussi les experts refusent-ils de se prononcer sur la position exacte d'une société et sur les garanties de ses titres d'après un seul bilan. Ils consultent les bilans de plusieurs années successives, trois ou cinq ans au moins. Ainsi, ils peuvent suivre les transformations des différents postes, distinguer s'il y a augmentation des ressources réelles ou continuation de dépenses non couvertes par les bénéfices : ils se rendent compte, en un mot, de la marche de l'affaire (1).

---

biens ne présentent, en effet, qu'une valeur infime, lorsque, en cas de liquidation, ils sont vendus séparément. Les garanties de leurs titres résident donc dans l'élévation du bénéfice net annuel, à moins qu'en vertu de l'acte de concession elles ne soient données par un Etat, un département, une ville.

(1) Semblable étude est naturellement impossible, quand il s'agit d'une société en formation. Les acquéreurs d'actions ont alors à faire une enquête difficile sur la régularité de sa constitution, la teneur des statuts etc... Les erreurs et les fraudes sont, en effet, en cette matière, des plus nombreuses. Un capitaliste dénué d'expérience évitera donc de souscrire aux titres d'une société naissante.

On voit combien une telle analyse peut être laborieuse et propre à induire en erreur. Dans le cas très fréquent, où elle semble vraiment complexe, où la situation véritable de la société présente quelque obscurité, un capitaliste fera bien de se faire aider dans ses investigations par un expert (1). Cette difficulté d'appréciation des titres à revenu variable contribue à en rendre l'acquisition bien chanceuse pour les épargnants. Etant donné que ces valeurs offrent une sécurité moindre que les obligations, on conclura qu'elles conviennent seulement aux capitalistes ayant l'expérience des aff ires, sachant apprécier une participation — en état d'en supporter les risques.

Bien entendu, ni l'une ni l'autre de ces méthodes ne sont applicables à l'étude des emprunts des Etats et des Villes, qui ne constituent point des exploitations industrielles, ne dressent point de bilans et n'émettent point d'actions. C'est surtout le *crédit moral* de ces collectivités, que l'on envisage, lorsqu'on leur prête des fonds.

S'agit-il d'Etats secondaires ? Ils affectent bien des garanties spéciales à leurs emprunts : mais

---

(1) Les archives de l'Institut *Finance-Univers*, possèdent — et communiquent aux capitalistes — des dossiers sur des milliers de sociétés françaises et étrangères, contenant, avec tous autres documents utiles, les bilans des quatre ou cinq dernières années. Un personnel d'experts et de spécialistes des valeurs étrangères y étudient et utilisent cette vaste documentation.

ces garanties sont un peu fallacieuses, puisqu'on ne peut en poursuivre l'observation en justice. Force est de s'en fier à la probité de ces Etats, et on la jugera surtout d'après la régularité avec laquelle ils ont rempli leurs engagements au cours des vingt dernières années.

On pourra aussi s'assurer de la progression des ressources et des recettes de l'Etat, de sa situation financière exacte, de la prudence avec laquelle il emprunte. Mais aucune de ces constatations n'équivaut, nous l'avons vu déjà, à l'existence d'un solide gage matériel, tel qu'en présentent les bonnes sociétés industrielles.

Mêmes observations pour les emprunts de villes, dont les conditions sont toutefois exigibles en justice, et dont les titres sont en général plus stables que les fonds d'Etat. On s'attachera, dans l'étude de la situation des groupements urbains, à l'accroissement de leur population, base de leur prospérité.

Il n'est rien, dans ces moyens d'appréciation des titres à revenu fixe, qui présente des difficultés réelles. Tout épargnant et capitaliste doit donc s'en pénétrer et y recourir. D'autant plus qu'une fois faite cette vérification de la qualité de ses valeurs, il jouit d'une parfaite tranquillité. Il peut s'abstenir de consulter les cours chaque jour ou chaque semaine. Il lui suffit de constater de loin en loin leur stabilité. Il peut lire aussi dans une revue ou dans un annuaire bien fait l'analyse des bilans annuels qui le renseigne sur le développement des entreprises émettrices. Il renouvelle ainsi ses éléments d'appréciation dans la mesure utile.

L'une de ses obligations a-t-elle baissé à son insu pendant plusieurs mois ? Peu importe, puisqu'il existe une marge de garantie suffisante. Le possesseur a tout le temps voulu pour s'informer des causes de la baisse et, si elles lui semblent sérieuses, pour effectuer une vente. L'examen initial des valeurs dispense d'une surveillance inquiète de tous les instants.

CHAPITRE VIII

L'ÉTUDE COMPARÉE DES VALEURS.

Les capitalistes clairvoyants se posent cette question : cette valeur est-elle bonne, c'est-à-dire, offre-t-elle des garanties de récupération du capital et de régularité du revenu? Mais combien se demandent : cette valeur est-elle la meilleure parmi celles qui lui sont comparables dans sa catégorie et dans son pays?

Et, cependant, la seconde question est tout aussi importante que la première et doit lui succéder dans l'esprit de l'intéressé. Car une valeur peut être bonne en elle-même et néanmoins révéler certaines infériorités, si on la confronte avec des titres similaires. Dès lors, ces titres analogues, qui présentent plus d'avantages, acquerront peu à peu les préférences de l'épargne et seront recherchés au détriment des premiers, désormais délaissés et dépréciés.

Lors donc qu'on a examiné un titre et qu'on l'a jugé suffisant, il importe de vérifier, avant de l'acquérir, si les valeurs semblables du même pays n'offrent point soit des garanties plus complètes, soit des avantages plus étendus, et si elles ne procurent pas un rendement plus élevé. Ce dernier point est généralement méconnu et cependant il est très important (1).

Il tombe sous le sens que si le rendement moyen des valeurs d'une industrie est par exemple de 4 1/2, un titre de cette nature qui, sans raison valable, ne procure que 3 1/2, sera tôt ou tard délaissé ; il expose donc son possesseur, en cas de réalisation, à une perte sensible.

Naguère, on considérait la faiblesse du rendement comme la caractéristique des titres sûrs. Le loyer de l'argent était, en effet, assez exactement proportionné aux aléas encourus. Il n'en est plus de même à notre époque, en raison du développement prodigieux de l'industrie et de la mise en valeur des pays neufs : les entreprises lucratives

---

(1) Les comparaisons se font au moyen des cotes. Voici à ce sujet quelques éclaircissements Les cours des valeurs, réalisés dans les transactions quotidiennes, sont notés par les représentants des différentes Bourses : ainsi, en France, par les Chambres syndicales des agents de change — et, sur le marché libre de Paris, par les Chambres syndicales des Banquiers (au comptant et à terme) qui l'ont organisé. Ces cours sont publiés par les soins des mêmes organes dans les « cotes ». Mais la manière d'établir ces cours varie de Bourse en Bourse. Tantôt on les fixe en o/o du capital nominal des valeurs, tantôt par unité de titres. En France on y comprend l'intérêt couru ; dans diverses Bourses étrangères cet intérêt n'est pas inclus dans le cours. De même, on peut comprendre ou non dans le cours la portion restant à appeler des titres non libérés. Les cours des cotes forment, d'ailleurs, bien plutôt des moyennes approximatives que des chiffres correspondant rigoureusement à des transactions réelles.

La Revue *Finance-Univers* publie des cotes, française et étrangères, qui donnent les cours officiels, et précise comment ils sont établis.

se sont multipliées, émettant des titres, fortement gagés, d'un rendement de 5 % et même davantage.

Il est bien évident que l'élévation du rendement ne démontre pas à elle seule l'excellence d'un titre ; il ne manque point de valeurs offrant un dividende ou même un intérêt avantageux, qui ne possèdent pas les garanties requises pour le maintien de ce revenu et le remboursement du capital. Il est non moins clair que des rendements excessifs, tels que les 7 à 10 0/0 que font miroiter tant de prospectus, doivent induire en défiance les épargnants, parce qu'ils servent d'appâts à des entreprises sans solidité. Ici, comme ailleurs, le mieux est l'ennemi du bien et l'abus est dangereux. Il ne faut point forcer la règle et lui faire dire ce qu'elle n'implique pas.

Mais ce qui est un fait, vérifiable par tous, c'est que, pour offrir une sérieuse résistance aux influences extérieures et aux dépréciations générales survenant en Bourse, pour conserver une réelle stabilité, un titre doit présenter à la fois : 1º de sérieuses garanties, quant au capital et à l'intérêt ; 2º un rendement suffisamment élevé, par rapport au loyer normal de l'argent dans le pays dont il relève. L'une de ces conditions ne saurait suppléer l'autre.

Faut-il citer quelques exemples à l'appui de cette constatation? On n'a vraiment que l'embarras du choix. Quelles sont, en France, les valeurs considérées comme offrant le maximum de garanties? Ce sont les fonds d'Etats, les emprunts coloniaux garantis par l'Etat, les emprunts de Villes et Départements, les obligations de Chemins de fer garanties par l'Etat : ce sont, en un mot, les valeurs officielles.

Nul ne peut nier que leurs garanties ne soient de tout premier ordre ; mais nul ne peut contester, hélas ! que ces titres n'aient subi, depuis une quinzaine d'années, et même davantage, une baisse considérable, excessive. D'où vient-elle, sinon, précisément, de la défaveur entraînée par l'insuffisance de leur rendement? Nombreux sont les portefeuilles composés exclusivement de ces valeurs de premier ordre, qui ont perdu, en une dizaine d'années, 10 o/o de leur montant, 15 o/o même depuis une quinzaine d'années !

Par contre, nous trouvons, même en France, des obligations industrielles qui ont beaucoup mieux résisté aux influences défavorables survenues sur le marché. Ces obligations n'offrent point, toutes, les mêmes garanties: il en est qui dépendent d'entreprises très aléatoires. Pourquoi ont-elles conservé une si grande stabilité? Parce qu'elles offraient un rendement avantageux (1).

Examine-t-on les valeurs étrangères? Même spectacle. Les Consolidés Anglais qui représentaient, au suprême degré, les titres de « père de famille » ont subi, en raison de leur trop faible revenu, une dépréciation plus grave que la Rente

____

(1) Voir aussi chapitre suivant, page 74.

Française. De même, les autres valeurs officielles britanniques. Par contre, les valeurs industrielles à bon rendement ont présenté une réelle stabilité.

Faut-il aller plus avant encore, dans l'étude comparée des valeurs ? Faut-il comparer les titres de pays à pays? A cette question, nous ne répondrons par l'affirmative, que sous une réserve formelle.

On peut, on doit comparer les valeurs françaises et les valeurs allemandes, les valeurs allemandes et les valeurs américaines, etc... pour constater que les unes et les autres présentent des avantages distincts, pour mesurer par exemple le taux de l'intérêt dans ces différents pays : on verra que ce taux, très faible en France, est plus élevé Outre-Rhin, et plus élevé encore Outre-Mer. On saisira ainsi l'une des raisons essentielles de la Distribution Géographique des Capitaux, qui est de faire bénéficier le capitaliste des conditions plus avantageuses du placement dans les Etats étrangers et surtout dans les pays neufs.

Mais on ne saurait conclure, d'un tel parallèle, que tel titre français dont on projette l'acquisition, ou tel titre italien doit être rejeté, sous prétexte que les valeurs américaines ou autres sont plus rémunératrices. Ce serait à la fois injuste et faux. Car un titre ne peut rapporter un revenu fort supérieur au taux moyen de l'argent dans l'Etat dont il relève. Et il suffit qu'il soit avantageux dans son pays, pour être choisi. La sécurité des placements exige, en effet, comme on sait, leur répartition entre des zones géographiques dissemblables et le choix des meilleurs titres de chaque zone. Rechercher exclusivement les valeurs les plus rémunératrices du monde, ce serait se condamner à n'acquérir des titres que dans un pays à peine ouvert à l'exploitation : la Colombie par exemple. Inutile de montrer combien ce serait là une spéculation dangereuse !

Les titres d'un pays sont comparables entre eux, parce qu'ils sont soumis à des conditions et des influences communes, au même régime législatif, financier, économique. A qualité égale, ils doivent présenter un rendement sensiblement égal. Au contraire, de pays à pays, le régime diffère. Le loyer de l'argent par exemple n'est plus le même. Un titre qui rapportera dans son pays un revenu normal paraîtra à tort insuffisant ou avantageux, comparé à des valeurs d'autres Etats.

En définitive, la comparaison des valeurs d'un même pays est équitable ; elle fait ressortir le fort et le faible de chacune de ces valeurs ; elle montre quelles sont les plus avantageuses. La comparaison des valeurs de divers pays, au contraire, ne doit être faite que sous réserve, pour rendre évidente et mesurable la différence de régime, de rendement, etc... existant dans chaque Etat.

Ces points, qui semblent très simples, sont pourtant bien mal compris, même par des financiers importants, ainsi par nombre de ceux qui font en France des émissions de valeurs étrangères.

Un Etat, une entreprise d'Outre-Mer leur demande d'émettre des titres convenables, au taux de 4 ou 5 o/o. Ces financiers acceptent, jugeant ce rendement suffisant, *auprès de celui des valeurs françaises*. Or, ils constateraient son insuffisance, s'ils le comparaient au loyer moyen de l'argent *dans le pays dont dépend ce Gouvernement ou cette Société*. Ils vendent donc très cher au public français des titres que l'on peut acheter à bien meilleur compte sur les marchés étrangers.

Ce n'est point là un cas exceptionnel : c'est un fait que l'on voit sans cesse dans les émissions. Il en résulte qu'il est généralement plus avantageux d'acheter les valeurs étrangères aux Bourses indigènes, qu'aux bourses françaises. A qui la faute, sinon à nos émetteurs qui ne savent point juger une valeur étrangère et qui la comparent aux titres français au lieu de la comparer aux titres de même pays (1) !

Il faut remarquer d'ailleurs que si les valeurs françaises ne procurent qu'un faible rendement,

(1) Des émissions de titres 5 o/o sont impossibles dans certains pays, en certaines circonstances, (comme des émissions 2 o/o en France) : cela, en raison de l'élévation du loyer de l'argent dans ces Etats et des risques encourus. Ces émissions ne devraient pas être admises sur notre marché, sinon aux conditions pour elles normales : c'est-à-dire capitalisées à 6 ou même 7 o/o. Les titres doivent toujours répondre aux usages du pays et de l'industrie dont ils dépendent : d'autant, nous le répétons, qu'ils peuvent aisément être achetés aux bourses indigènes. (Ch. XI, page 85 note 2.)

elles se sont néanmoins améliorées à cet égard, depuis quelques années. Le loyer de l'argent s'est élevé dans notre pays : l'Etat français qui émettait naguère de la Rente 3 0/0 emprunte maintenant, pour ses chemins de fer, à 4 0/0 (sous déduction, il est vrai, des impôts habituels, auxquels la Rente est soustraite). Le Crédit Foncier, la Ville de Paris, ont aussi porté de 3 à 3.75 ou 4 1/4 le taux de leurs emprunts obligataires. Il n'y a donc aucune raison pour évincer de son portefeuille les titres français — ce qui serait d'ailleurs contraire au civisme. Il suffit d'y adjoindre des titres étrangers qui en renforcent le revenu et, le cas échéant, en compensent les moins-values.

La Division géographique des risques entraîne donc, dans les conditions exposées ci-dessus, à l'étude comparée des valeurs, et au choix des titres les plus sûrs, les mieux appropriés au but poursuivi, et les plus rémunérateurs dans chaque zone de placement. Cette étude n'est nullement aussi difficile à faire, qu'on serait porté à le croire : car une documentation très abondante existe maintenant, dans notre pays, sur les valeurs de tous les Etats étrangers (1).

---

(1) Une documentation systématique sur toutes les valeurs étrangères et françaises cotées en France est réunie dans l'*Annuaire Finance-Univers* et une préface très substantielle et très claire précise, dans ce recueil, la manière de s'en servir.

Une documentation analogue sur nombre de valeurs étrangères cotées à l'étranger est donnée par la revue *Finance-Univers*.

Rien n'empêche, d'ailleurs, les capitalistes de se faire aider par des experts dans ce travail d'examen et de comparaison. Il n'est point de tâche plus utile, ni plus lucrative : puisqu'elle a pour résultat de donner aux placements de l'intéressé une base inébranlable et un rendement des plus élevés.

De nombreuses banques étrangères ont des succursales à Paris et les grands établissements français ont de même des filiales à l'étranger.

4

CHAPITRE IX

LE REVENU.

L'étude comparée des valeurs montre, d'une part, qu'il est dans chaque Etat des valeurs plus ou moins rémunératrices, mais que, d'autre part, le rendement des titres diffère surtout de pays à pays. Quel revenu est-il donc possible d'obtenir, avec des placements stables, choisis avec soin dans les diverses divisions géographiques?

Ce revenu varie tout d'abord selon la qualité des titres agréés, c'est-à-dire selon le but poursuivi par le capitaliste. Recherche-t-il un revenu moyen régulier, donné par des valeurs fortement garanties? Se contente-t-il d'un revenu minime procuré par des titres à grand marché, tous et toujours immédiatement négociables? A-t-il besoin, au contraire, d'un revenu maximum? Il est aisé d'indiquer ce que, dans ces trois cas, il pourra obtenir.

Le taux moyen de l'intérêt (bien qu'en progression en France) varie du simple au double selon que l'on considère notre pays, l'Angleterre, ou au contraire les Etats les plus récemment appelés à la grande culture et à la grande industrie. C'est ainsi que le rendement actuel des fonds d'Etat excède à peine 3 o/o en Angleterre et atteint 5 et 6 o/o au Chili, au Brésil, dans divers autres

Etats de l'Amérique latine, dans les Etats balkaniques, et même en Autriche (en raison d'une crise financière). De même, le rendement moyen des obligations industrielles, toujours sensiblement supérieur, ne dépasse guère 4 o/o en Angleterre et surpasse 6 o/o en maintes parties de l'Asie et de l'Amérique, le Japon entre autres.

Ce serait, nous le savons, une spéculation périlleuse, de n'engager des fonds que dans ces derniers Etats. La sécurité du capital exige qu'on les distribue entre des pays pris parmi les plus dissemblables dans les diverses parties du monde. Des placements ainsi divisés donneront donc, en général, l'équivalent du loyer moyen, versé, pour leurs emprunts à long terme, par les industries et collectivités de tous les pays. Ce loyer est plus stable que l'intérêt versé pour les avances à court terme, nécessitées par les transactions commerciales. Le taux de l'escompte, nul ne l'ignore, se modifie fréquemment. Le loyer des prêts à long terme n'est cependant pas immuable. Nous avons observé déjà qu'il s'était élevé depuis les dernières années du XIXe siècle. Il était alors d'environ 4 3/4 : il s'est augmenté de 5 o/o par rapport à lui-même. Et il est maintenant de 5 o/o du capital.

On pourrait croire que ce taux moyen est constamment changé par les fluctuations en Bourse. Ce serait une erreur. Les titres qui « dansent » sur le marché sont ceux dont s'occupe la spéculation. Or, elle s'exerce bien sur un certain nombre de fonds d'Etat, qui sont, contrairement au préjugé si répandu, parmi les valeurs à revenu fixe les moins stables. Mais elle délaisse les bonnes obligations industrielles, qui, par suite, ne varient guère dans leurs cours, sauf en temps de crise. Comme le propre de la division géographique est de neutraliser les effets des crises, le rendement donné par des placements effectués en valeurs de cette sorte est très régulier.

L'expérience montre que les placements bien gagés rapportant 5 o/o sont les plus stables. Ce serait une erreur de croire, nous l'avons déjà vu, qu'en sacrifiant une part de cet intérêt, on peut trouver des titres plus sûrs. En réalité, les valeurs réputées, donnant 4 o/o, sont exposées à la baisse, par suite de la concurrence de valeurs plus rémunératrices. Celles qui offrent le plus de résistance aux dépressions, sont donc, en général, celles qui procurent 5 o/o. Quels que soient les événements, elles ne peuvent, en effet, fléchir beaucoup : le loyer de l'argent bien garanti ne pouvant, dans la plupart des pays, excéder sensiblement cette limite (1).

Mais si l'on s'en tient aux titres à grand marché permanent, le revenu de 5 o/o est difficile à atteindre. La limite *minima* du revenu procuré par des placements de cette sorte n'est autre que le revenu moyen donné par l'ensemble des titres les plus connus du monde entier. Cette limite

---

(1) Voir aussi chapitre précédent, page 66.

oscille également de loin en loin, selon les lentes variations du loyer de l'argent, dans les diverses parties du monde. Pendant les dernières années du siècle écoulé, elle était de 3 à 3 1/4 : depuis lors, les capitaux ayant enchéri, elle est de 3 1/2 à 4 1/4 environ. Elle restera telle aussi longtemps que le loyer de l'argent demeurera élevé, pour s'abaisser ultérieurement avec lui.

Mais il est possible de rechercher et d'obtenir, au contraire, un revenu plus grand que le rendement moyen, à plus forte raison que le rendement minimum. A quel taux parviendra-t-on sans imprudence? Le chiffre le plus élevé que l'on puisse obtenir de placements stables est de 5 1/2 à 6 o/o. Il est donné surtout par des obligations industrielles moins fortement garanties que les précédentes. Cette limite *maxima* se déplace moins encore que la moyenne du loyer des prêts à long terme, ou que la limite minima de leur revenu. Quelle que soit la marche générale des affaires, dans le monde, elle demeure toujours la même. C'est ainsi qu'elle n'a point changé depuis la fin du siècle dernier.

On se demandera peut-être pourquoi l'on serait satisfait de retirer un revenu *moyen* de 5 o/o de valeurs dites de second ordre, quand on peut obtenir d'autres titres le taux constant d'environ 6 o/o. Il y a pour cela une bonne raison et nous l'avons déjà indiquée : c'est que les obligations productives d'un rendement de 6 o/o sont, en général, moins bien gagées que les autres. Si une violente crise survient dans l'un des pays où on les a acquises, elles peuvent être atteintes et le paiement des coupons peut être menacé ou suspendu. Ainsi le supplément de gain est compensé par un accroissement de risques. La sécurité se trouve un peu sacrifiée au revenu. En réalité, un portefeuille qui rapporte plus de 5 o/o comprend toujours un soupçon de spéculation, quelque bien composé et surveillé qu'il soit.

Les personnes très éclairées en affaires, très habiles, qui jugent parfaitement les garanties des titres et qui, surtout, sacrifient une bonne part de leur temps à la surveillance de leur portefeuille, peuvent admettre des titres de ce genre. Mais l'on ne saurait donner le même conseil aux capitalistes moins expérimentés ou moins en mesure de s'occuper avec vigilance de la gestion de leurs capitaux.

Tels sont les taux moyens de revenu offerts par les placements stables et tels sont les faits sur lesquels ces chiffres sont basés.

Taux minimum : 4 1/4 o/o.

— moyen :   5 o/o environ.

— maximum : 6 o/o et plus.

La régularité du revenu est assurée avec les titres des deux premières catégories. Des valeurs donnant 6 o/o peuvent être, nous l'avons indiqué, atteintes par des événements fâcheux et leur revenu peut se trouver amoindri. - Il va sans dire que cette règle n'est applicable qu'aux obligations choisies avec discernement.

Les actions, en effet, variant en revenu et en valeur, selon le développement ou le déclin des entreprises émettrices, procurent un revenu sans aucune fixité.

Si, avec de tels titres, à revenu variable, on se livre à la spéculation, on peut obtenir des gains presque illimités. De même, d'ailleurs, que l'on s'expose à des pertes très graves. Tout dépend de l'audace, de l'intelligence et du bonheur du spéculateur.

Un placement stable, au contraire, fixé et réparti comme il convient, ne peut procurer qu'un revenu variant entre les limites, très précises, qui ont été indiquées. Dans ces limites, le chiffre exact du rendement est déterminé par la qualité de la valeur que l'on décide d'acquérir. Celui qui se concilie avec le maximum de sécurité est, l'expérience le montre, le taux de 5 o/o.

CHAPITRE X

La Facilité de réalisation.

On sait qu'en déterminant le but de ses placements, l'épargnant doit décider si son capital sera constamment réalisable sans perte *en tout* ou en partie seulement.

Tout bon titre peut être vendu, mais avec plus ou moins de rapidité. La facilité de réalisation dépend, dans une large mesure, de l'ampleur permanente du marché créé pour ce titre. Et cette condition dépend elle-même, d'une part, du nombre de gens qui s'intéressent à cette valeur ; d'autre part, de leur qualité.

Plus ample est une émission de titres et plus grand est généralement le nombre de personnes qui les acquièrent : plus étendu, par suite, est le marché de ces titres. En outre, de tels titres conviennent particulièrement aux spéculateurs, aux joueurs, et à toutes les personnes et sociétés qui veulent placer des fonds d'une manière temporaire.

Par la multiplicité de leurs opérations, ces gens de bourse entretiennent l'animation du marché. Mais, comme leur but est surtout de réaliser des différences entre les prix d'achat et de vente, c'est-à-dire de profiter des mouvements des titres, ils s'efforcent de provoquer et d'amplifier ces mouvements. De la sorte, les cours des titres à grand marché ont tendance à varier beaucoup, sans motif sérieux. Telles sont, par exemple, les actions de grandes entreprises minières, métallurgiques, etc. tels sont, en second lieu, les fonds d'Etats et les obligations dépendant de vastes émissions. On comprendra que des valeurs de ce genre ne sont pas précisément faites pour des placements stables.

En réalité, les titres les plus avantageux pour des capitalistes réfléchis sont ceux qui sont complètement classés et conservés avec soin. On les vend moins rapidement, mais leurs cours varient peu. Leur marché n'est jamais très étendu, mais leur stabilité est remarquable.

Veut-on acquérir ou vendre l'un de ces titres? Il faut s'attendre à une négociation non point immédiate, mais d'une durée de une à deux semaines.

Les valeurs qui ont un marché très étendu présentent un autre inconvénient. Tous les journaux s'en occupent et publient leurs fluctuations quotidiennes : elles se trouvent constamment ainsi devant les yeux des sociétés et personnes en quête de placements. Elles sont donc le plus demandées et achetées. Il en résulte qu'elles sont acquises à des conditions peu favorables, c'est-à-dire à un prix comparativement élevé, auquel elles ne donnent qu'un rendement assez faible.

Cette majoration de prix est d'autant plus sensible, qu'elle n'assure point de façon certaine l'avantage recherché: la facilité de réalisation immédiate n'est point, en effet, une qualité inhérente à certaine sorte de titres ; elle dépend plutôt de circonstances extérieures et disparaît avec elles : ainsi, par suite d'un déplacement de la spéculation.

Il n'est, en somme, aucun rapport entre l'ampleur des émissions et leurs garanties, non plus qu'entre la notoriété des titres et les avantages qu'ils présentent réellement. En fait, les journaux étant lus de préférence par les spéculateurs et ayant le désir bien naturel de signaler des faits nouveaux, s'intéressent aux titres qui varient sans cesse dans leurs cours. Ils sont forcés de laisser au second plan les valeurs bien garanties et bien classées, qui demeurent plus stables et qui ne conviennent point aux gens de Bourse.

Un capitaliste désireux d'effectuer des placements durables ne change pas souvent de titres. Il tient bien plutôt à acquérir et à conserver des valeurs qui lui donnent de bons résultats. Telles ou telles circonstances peuvent naturellement l'amener à réaliser une partie de son capital, mais non point subitement. Il sait un ou deux mois à l'avance qu'il aura besoin de se procurer, par la vente de titres, de grosses disponibilités. Dès lors il lui suffit d'avoir des valeurs qui n'aient point un marché très étendu : puisque, d'une part, il les acquiert à un bas prix et qu'il en retire régulièrement un revenu plus élevé et puisque, d'autre part, il tient avant tout à la sécurité et ne veut point voir sa fortune varier sans cesse dans sa valeur réalisable.

Mieux vaut acheter un titre, qui donne un revenu majoré de 20 o/o, si on doit le conserver cinq ou dix ans — quitte à le vendre alors moyennant une légère réduction — qu'en prendre un assuré de réalisation immédiate en sacrifiant chaque année cet appréciable supplément de revenu.

Le meilleur moyen d'avoir toujours une part de ses capitaux réalisable sans perte, ce n'est point d'acquérir des titres négociables du jour au lendemain, c'est bien plutôt de pratiquer la division géographique des risques. Car, nous l'avons vu, cette répartition permet d'avoir toujours un certain nombre de ses placements soumis à des influences favorables.

Il est impossible, sauf de rares et courtes exceptions, que les titres triés avec soin en des pays essentiellement dissemblables soient tous simultanément en baisse. Autant il est naturel que l'ensemble des valeurs d'un pays soient atteintes par une dépréciation, autant il est normal que des valeurs choisies dans des zones géographiques différentes fluctuent en sens divers. Un capitaliste qui a ainsi réparti ses fonds est donc en mesure d'en recouvrer une partie, par la vente de titres, sans perte ou avec bénéfice.

La division géographique des risques paraît

donc plus importante, plus efficace au point de vue même qui nous intéresse, que la facilité de conversion immédiate d'un titre en numéraire. Les capitalistes qui ne la pratiquent point et qui recherchent des titres à grand marché peuvent évidemment les vendre sans retard, mais avec perte. Les capitalistes qui l'ont mise en application peuvent, au contraire, réaliser à toute époque une part de leur portefeuille dans des conditions avantageuses.

C'est ce précieux avantage qui a fait adopter naguère cette méthode par les grandes Compagnies d'assurances britanniques — et depuis, par bien d'autres — pour la gestion de leurs réserves.

CHAPITRE XI

A QUEL PRIX ACHETER?

Le choix des valeurs, qui répondent aux conditions exposées dans les chapitres précédents, étant fait, il reste à acquérir ces titres. A quel prix doit-on le faire? C'est là une question de réelle importance.

Nous avons montré déjà que les cours d'un titre en Bourse n'étaient point nécessairement en rapport avec sa valeur intrinsèque. En réalité, ces cours varient sans cesse sous l'influence de causes générales, étrangères aux titres eux-mêmes : par exemple, sous l'influence de l'activité des affaires, de l'abondance des capitaux, des événements sociaux, politiques et internationaux et d'autres causes encore. De même qu'il est pour les récoltes de bonnes et de mauvaises années, de même il est pour les titres — indépendamment de leur valeur propre — des périodes de hausse et des périodes de baisse.

Si l'on achète à un cours de hausse, la chance de vendre avec bénéfice est minime. Si, au contraire, on acquiert au cours de baisse, cette éventualité est normale. Le fait qu'un titre est en hausse ou en baisse est aisé à établir : il suffit de comparer son cours à la moyenne des cours qu'il a eus pendant un certain nombre d'années.

Si ce cours n'est pas plus élevé que la moyenne des cinq dernières années, on est presque toujours assuré d'acheter à de bonnes conditions. Au contraire, on paie d'autant plus cher que le cours excède davantage cette moyenne.

Bien entendu, cette observation n'est exacte qu'appliquée aux bons titres à revenu fixe et nullement à une action, ou à un titre de qualité médiocre. Nous avons montré, en effet, que les bons titres à revenu fixe sont les seuls qui présentent, jusqu'à un certain point, quelque stabilité, tandis que l'avenir des autres valeurs est soustrait à toute prévision.

Le taux maximum auquel il est raisonnable d'acheter une obligation est tout indiqué : c'est celui du remboursement. Car si l'on acquiert au-dessus du pair et que le remboursement survienne, on subit une perte, qu'avec un peu de prudence on eut évitée. On ne conçoit, pour les obligations, un prix d'achat supérieur au pair, que si la majoration, étant très faible, forme en quelque sorte la rançon d'un avantage spécial : intérêt dépassant 5 1/2 0/0, possibilité de remboursement avec prime, etc...

S'agit-il d'actions? On ne saurait établir le prix maximum d'achat d'après le taux de remboursement, puisqu'il n'en est point de prévu : mais on devrait le déterminer d'après ce qu'il serait, en fait, si la société cessait ses opérations ; c'est-à-dire d'après la somme qui reviendrait à chacun des actionnaires, en cas de liquidation.

Cette somme est calculée sur l'actif net qui subsisterait une fois toutes charges payées et toutes dettes obligataires remboursées : cet excédent d'actif devant être alors partagé entre les actionnaires. Malheureusement établir ainsi la valeur liquidative d'une action n'est point chose aisée; et, la plupart du temps, quand on l'a déterminée, on s'aperçoit, s'il s'agit d'une bonne société, que le cours en Bourse est très supérieur à cette somme : il la dépasse deux, trois, cinq ou même dix fois (1).

Dans ces conditions, ou bien l'on s'abstiendra d'acheter, ou bien l'on acquèrera une action à un prix supérieur à sa valeur intrinsèque : c'est-à-dire qu'on spéculera sur l'avenir de la société, sur l'importance des épargnes qu'elle pourra réaliser, sur l'élévation des dividendes qu'elle sera en mesure de distribuer, sur la hausse des cours et l'éventualité d'une vente avec gain, etc...

On le voit clairement, il est aisé de savoir avec précision à quel prix doit être achetée une bonne obligation ; mais il n'en va point de même pour les autres valeurs (2).

---

(1) Voir les explications utiles, chap. VII, page 57.

(2) On a intérêt à acheter des valeurs étrangères aux Bourses étrangères. On étend infiniment ainsi le choix de ses placements. On acquiert des titres complètement soustraits aux influences du marché de Paris, ce qui assure une division plus rigoureuse des risques. (Cf. chap. VIII, p. 69). Mais, en ce cas, il faut naturellement s'informer du change, des frais de négociation, des impôts, et de la monnaie de paiement admise pour les coupons (francs, or, ou autre monnaie). L'Institut « Finance-Univers », et aussi d'ailleurs toutes les banques bien organisées, donnent ces renseignements.

CHAPITRE XII

Comment créer un portefeuille ?

Un bon portefeuille, nous le savons, est un assemblage de placements qui présentent une parfaite adaptation au but du possesseur et une très grande cohésion. Il se distingue ainsi par une réelle unité de composition. Il est un et stable, parce qu'il est formé d'éléments qui se complètent l'un l'autre. Il est comparable au rayon solaire qui se décompose, comme on sait, en rayons lumineux de 7 couleurs différentes.

La possession d'un ou deux titres ne saurait donc constituer un portefeuille. Il faut au moins cinq valeurs pour agencer une division géographique des risques et former un portefeuille. Comme il n'y a aucun intérêt à diviser son capital en fractions inférieures à 1.000 francs, on ne peut commencer un portefeuille avant d'avoir réuni au moins 5.000 francs. Jusque-là, mieux vaut déposer son argent dans une caisse d'épargne ou dans tout autre établissement qui offre de fortes garanties.

Dès qu'on s'est formé un capital d'au moins 5.000 francs, il faut se rendre compte du but à poursuivre dans ses placements. Du but choisi résulte, nous le savons, le genre de titres à acquérir. Ceci fixé, il faut déterminer les aires de placement entre lesquelles on répartira ses fonds et dans lesquelles on choisira des valeurs.

Le lecteur peut légitimement entendre placer une grande partie de ses fonds dans telle entreprise, tel pays, qu'il estime avant tout devoir seconder. Mais s'il cherche la stabilité des placements — étant entendu d'ailleurs que ce but et les moyens ne contredisent nullement à l'intérêt national (1) — il établira une bonne division géographique des risques. Il est assuré de l'accomplir en répartissant son avoir entre des pays relevant des différentes zones qui suivent : 1° France et Colonies ; 2° Angleterre et Colonies ; 3° Europe du Nord (2) ; 4° Europe du Sud (2) ; 5° Asie ; 6° Afrique ; 7° Amérique du Nord ; 8° Amérique du Centre (3) ; 9° Amérique du Sud ; 10° Valeurs internationales (4).

Peut-être trouvera-t-on cette distribution du monde un peu empirique : on se demandera pourquoi l'Allemagne, la Russie et la Belgique ont été groupées dans une même zone. Pourquoi la Suisse,

____

(1) Voir chapitre XX, page 136.

(2) *Europe du Nord* : Allemagne, Belgique, Danemark, Hollande, Norvège, Russie, Suède.

Europe du Sud : Autriche, Espagne, Grèce, Hongrie, Italie, Portugal, Suisse, Turquie, Etats Balkaniques.

(3) Comprenant les Etats du Sud de l'Union américaine, le Mexique, les Républiques centre-américaines, la Colombie, le Vénézuéla et l'Equateur.

(4) Cette division ne représente point un pays ou un ensemble de pays, mais des entreprises qui, par leur nature, exercent leur activité dans un certain nombre d'Etats, telles les entreprises de navigation, de câbles télégraphiques, les trusts, etc...

par exemple, est placée dans l'Europe du Sud et non dans l'Europe du Nord? En réalité, cette division, essentiellement pratique, n'a pas pour objet de rapprocher les pays qui se ressemblent, mais bien de séparer les Etats les plus dissemblables.

De même, on serait tenté de s'étonner que l'Amérique du Centre et l'Afrique forment chacune une division, alors qu'elles possèdent un chiffre de fonds d'Etats et de valeurs industrielles infiniment moins élevé que l'Angleterre ou la France. Mais il ne s'agit nullement ici de l'importance respective des pays dans lesquels on place ses capitaux. Il s'agit exclusivement de la dissemblance de ces Etats et de la contrariété des régimes et des influences auxquels leurs titres sont soumis.

Pour cette raison, le capitaliste aura soin de choisir, au sein des diverses divisions, les pays les plus éloignés les uns des autres : par exemple, il ne prendra point à la fois, dans l'Europe du Nord et dans l'Europe du Sud, l'Allemagne et la Suisse, parce que ces deux Etats ont trop de relations entre eux. Il choisira de préférence le Danemark et l'Italie.

Le possesseur d'un capital de 5.000 francs choisira donc dans ces zones cinq pays aussi différents que possible, comme climat, population, industries, gouvernement, etc... Jusqu'à ce qu'il ait obtenu une fortune de 20.000 francs la division en cinq titres suffira. Il la complètera ensuite de manière à ce que, possédant 80 à 300.000 francs, il ait une dizaine de titres, c'est-à-dire une valeur par division géographique. Dès qu'il s'agit d'un capital supérieur à 300.000 francs et jusqu'à un million, il convient de diviser le capital en 20 placements : choisis à raison de deux dans chacune des grandes divisions géographiques.

La division géographique assurant la neutralisation des risques, pourquoi s'encombrer d'un grand nombre de valeurs ? Ce serait s'exposer à des études excessives de titres, et à une surveillance par trop laborieuse. Diviser ses placements, ce n'est point les disséminer : trop de capitalistes l'ignorent.

Des capitaux plus élevés qu'un million peuvent être divisés en 40 fractions, ou paquets de valeurs, réparties entre le plus possible d'Etats. Mais comme il n'existe qu'un nombre assez limité de pays distincts, une division minutieuse par Etat, dans chacune des grandes aires géographiques, devient impossible et d'ailleurs superflue. On la pratiquera naturellement au mieux, mais dans la mesure seulement où l'on pourra se procurer des titres à des conditions satisfaisantes.

Ces diverses indications ne sont point, nous le répétons, d'ordre scientifique : mais c'est une pratique prolongée des placements qui les a suggérées.

Voici donc établi le but des placements, leurs qualités, et les pays dans lesquels ils seront effectués:

ce qui reste à faire, c'est de trouver dans chacun d'eux les titres les mieux adaptés aux exigences de l'intéressé et les plus avantageux.

C'est là un travail de comparaison assez délicat, comme nous l'avons vu dans un précédent chapitre. Si le capitaliste n'a point la faculté, le loisir ou le goût de s'y livrer, il peut en confier l'exécution à un expert. Il ne semble point, d'ailleurs, que la méthode géographique complique le travail du « placeur » consciencieux. Elle le simplifie, au contraire, à bien des égards.

Dans le désir plus ou moins confus d'établir au petit bonheur une division des risques, le capitaliste ordinaire choisit, en effet, un nombre excessif de titres. Il acquiert tous ceux qu'on lui conseille, ou qu'il voit signalés dans les journaux, ou qui sont émis à des taux d'apparence avantageuse. Il forme ainsi une liste abondante de valeurs hétéroclites, dont la surveillance est aussi laborieuse qu'inefficace.

Le capitaliste éclairé, au contraire, se borne à choisir dans chaque grande zone de placement *un bon titre*, de préférence à revenu fixe (quatre, si sa fortune mobilière excède un million). Et pour ce faire, il dispose d'une documentation sûre et claire, quant aux valeurs de tous pays. Il forme un portefeuille très *simple*, d'une surveillance on ne peut plus aisée. (1)

Les titres choisis, leur acquisition doit être faite,

____

(1) Cf. note 1, p. 70.

comme il est dit au chapitre XVI, par l'intermédiaire de l'agent de change ou du banquier qui possède et mérite la confiance du client: ce mandataire fera l'acquisition aux conditions les plus favorables.

CHAPITRE XIII

L'Examen d'un portefeuille.

Nos lecteurs savent maintenant comment ils doivent créer et agencer un portefeuille. Mais beaucoup d'entre eux possèdent déjà des placements : ils se trouvent donc dans une situation différente, qu'il y a lieu de considérer maintenant.

Quels sont ces placements existant déjà? Peuvent-ils être améliorés? La réponse est facile. La plupart des capitalistes, en effet, engagent leurs fonds dans telles ou telles valeurs qui leur semblent suffisantes ou qui leur sont recommandées, sans réfléchir à ce qu'est vraiment un portefeuille, ni même aux résultats qu'il convient d'en tirer. Leur fortune mobilière est donc représentée par une série de titres, qui se sont multipliés au gré des circonstances, sans présenter aucune cohésion et sans offrir aucun avantage nettement marqué.

De telles listes contiennent souvent, hélas ! des valeurs spéculatives effondrées, des valeurs émanant de sociétés en liquidation ou en faillite, ou encore des titres bien garantis, mais de faible rendement, frappés d'une baisse désastreuse. Nombreuses sont celles qui font ressortir, pour leur possesseur, des pertes cruelles. Les mieux composées elles-mêmes peuvent être améliorées : la sécurité peut en être accrue, la stabilité mieux assurée et le revenu augmenté : nous allons indiquer par quels moyens.

1º *Examen préliminaire*. — Si nous considérons la composition des fortunes les mieux gérées dans la manière traditionnelle, nous faisons tout d'abord deux constatations importantes. La première, c'est que leurs possesseurs ont surtout en vue la sécurité de leur capital. Pour l'assurer, ils acquièrent un grand nombre de titres dépendant de collectivités ou d'industries différentes, de manière à établir une division des risques. Ils les choisissent parmi les fonds d'Etats, les fonds coloniaux, les obligations de chemins de fer, les obligations de Villes : toutes valeurs qui présentent, à leurs yeux, le plus de garanties. Ils y ajoutent, dans une moindre proportion, des actions d'entreprises anciennes considérées comme solides. Ils n'admettent qu'un petit nombre de titres nettement spéculatifs.

La seconde constatation est, qu'avant tout, désireux d'assurer la conservation de son capital, le capitaliste moyen de notre pays considère judicieusement comme secondaire l'élévation du revenu et il se contente d'un rendement minime. Les obligations qu'il acquiert étant presque toutes « classiques » sont peu rémunératrices et la plupart de ses actions, étant prises parmi celles qui bénéficient de la plus grande notoriété et sont « surcapitalisées », ne donnent également qu'un pourcentage très faible de revenu.

Le capitaliste ou l'épargnant qui agit ainsi part de principes très sains : malheureusement, il ignore complètement le moyen de les mettre en œuvre.

Il s'imagine que, pour assurer une bonne division des risques, il suffit de répartir son capital entre un grand nombre de valeurs, de bonne réputation, émanant de collectivités ou d'entreprises diverses. Il ignore que ce qui constitue essentiellement une division des risques, c'est la dissemblance des régimes et influences économiques et financiers, exprimée par l'origine géographique. C'est ainsi qu'il achète de la Rente Perpétuelle 3 o/o ; des obligations Communales, des obligations Foncières, des obligations Ville de Paris, des obligations de Madagascar, ou des fonds Tunisiens. Or, ces diverses valeurs, dont chacune prise en soi est bien garantie, sont toutes exposées aux mêmes vicissitudes : leurs cours s'élèvent ou s'abaissent simultanément : elles sont liées l'une à l'autre, comme les doigts de la main. Leur sort dépend, en effet, essentiellement de l'état économique et financier de la France. Qu'une crise survienne dans notre pays, et toutes ces valeurs subissent une dépréciation simultanée. En acquérant ces titres, le capitaliste croit donc effectuer une division des risques ; en réalité, il n'en établit aucune.

De même, il possède des actions : mais il ne s'est point soucié de les choisir en quantité égale dans des pays dissemblables. Et il les mêle à ses obligations. Ainsi, il crée des possibilités de baisse très sérieuse sans chances de compensation. Il s'expose à un danger réel, qu'il se cache à lui-même. Ce péril est aggravé par la présence de valeurs spéculatives, agréées sans plus de précautions et de discernement.

On comprendrait que ces trois sortes de valeurs, qui impliquent des risques si différents, fussent séparées. Les obligations, qui représentent l'élément solide, le noyau d'une fortune ainsi composée, devraient constituer un ensemble stable : or, leur assemblage est si mal compris qu'il est essentiellement instable. — Les actions formeraient un groupe moins sûr, mais au sein duquel serait établie une stricte division des risques : or, elles sont prises dans les mêmes zones de placement, parmi les titres à revenu variable les plus connus et surcapitalisés, c'est-à-dire les plus sujets à dépréciation. De sorte qu'elles additionnent leurs risques, au lieu de les neutraliser.— Les valeurs spéculatives seraient l'excédent, mis à part, pour tenter la chance, bénéficier d'un coup de fortune, obtenir un gain chimérique ; or, elles sont mélangées aux autres, comme si elles étaient des valeurs de placement !

Un tel « pêle-mêle » ne présente aucune des conditions d'un bon portefeuille — titres soumis à des influences dissemblables, de même qualité, de montant égal. Il rappelle l'incurie de ces gens qui embarquent en désordre la cargaison d'un navire, sans prendre garde qu'ils placent les poids lourds d'un même côté : mal équilibré, le navire se balance ; vienne un coup de vent, il versera.

Un tel assemblage de valeurs est hors d'état d'assurer la conservation du capital engagé, — même si ces valeurs sont assez bonnes. Car il est exposé à de fréquentes dépréciations d'ensemble et condamné à une baisse grave du fait d'une seule crise économique, sociale ou financière.

En outre, il ne procure, nous l'avons déjà fait observer, qu'un rendement médiocre. Le sacrifice consenti à cet égard par l'épargnant est donc sans objet et sans compensation.

Force est donc de conclure : cette liste de valeurs est mal composée : elle ne forme point un véritable portefeuille ; elle ne peut donner que des résultats désavantageux.

2° *Evaluation des placements actuels et de leurs résultats*. — Il y a donc lieu de remanier ces placements, sans ordre et sans but ; leur liste peut sembler bien faite aux profanes : elle est, en réalité, nettement défectueuse.

Mais une opération si grave ne saurait être effectuée de façon soudaine et inconsidérée. Il faut l'accomplir en parfaite connaissance de cause, après que l'on a déterminé les défectuosités et les insuffisances des placements incriminés. Il y a donc lieu de prendre la liste que l'on veut améliorer et de lui faire subir deux sortes d'épreuves :

Tout d'abord, il faut en distribuer les valeurs dans un ordre normal, c'est-à-dire par nature de risques. Sans ce classement, il est impossible de déterminer les vices de construction du portefeuille primitif.

On groupera donc les titres par division géographique. On les rangera par ordre de sécurité juridique, c'est-à-dire les valeurs à revenu fixe en premier lieu, puis les valeurs à revenu variable et enfin les titres purement spéculatifs.

Ensuite on se livrera à une série de calculs pour fixer les résultats de chaque titre (ou plus exactement de chaque paquet de titres). On calculera le coût d'achat total d'après le cours à l'unité au jour de l'acquisition : on mettra en regard la valeur totale actuelle, également d'après le cours à l'unité, mais, bien entendu, à la date présente. La comparaison de ces deux sommes indique la plus-value ou la dépréciation donnée par chaque sorte de titres. On y joint l'indication du revenu procuré. On possède ainsi les éléments nécessaires d'appréciation sur chacune des actions et obligations existant actuellement dans le portefeuille.

En additionnant les chiffres relatifs aux divers titres ou paquets de titres, on obtient, d'une part, le coût d'achat du portefeuille et, d'autre part, sa valeur actuelle. Une simple soustraction indique la plus-value dont bénéficie l'ensemble du portefeuille ou la baisse totale qu'il a subie. On dégage de même le revenu qu'il produit. On voit ainsi, dûment chiffrés, les résultats procurés par la liste primitive de placements.

Ce travail donne la mesure exacte des défectuosités et insuffisances distinguées dès le premier examen.

Il fait ressortir que le capital a été distribué entre un trop petit nombre de zones géographiques dissemblables, de façon tout à fait arbitraire. Il montre quelles sont les divisions où aucun placement n'a été engagé. Il fait voir quelles sont les divisions où sont effectués trop de placements et celles où en ont été accomplis trop peu.

Le classement des titres, dans chaque division, indique combien de qualités différentes de valeurs y ont été réunies : obligations, actions ordinaires, actions particulièrement spéculatives. Or, on sait qu'un portefeuille stable doit se composer de titres de même qualité, et, de préférence, de titres à revenu fixe.

On constate donc jusqu'à quel degré la liste de placements primitive est imparfaite à ces divers égards et jusqu'à quel point ces erreurs ont entraîné des pertes.

Les résultats donnés par l'ensemble de ces placements ayant été totalisés, on les connaît avec précision. La plupart du temps ces résultats sont nettement défavorables. Cela est tout naturel, puisque, encore une fois, une liste formée de titres disparates, sans division rigoureuse des risques, implique de grands dangers. Presque toujours, les pertes, qui en résultent, équivalent à plusieurs années de revenu.

Une autre conséquence est que ce revenu est trop faible. Il n'excède pas, la plupart du temps, 3 1/2 ou au plus 4,25 o/o net du capital primitivement placé.

C'est la démonstration éclatante qu'un grand nombre de valeurs hétérogènes entraîne des périls excessifs. Ces dangers, il est presque impossible de les éviter ; car comment surveiller tant de titres — obligations, actions et valeurs spéculatives — de qualité si différente et si enclins à fluctuer en Bourse? Une telle surveillance est, en fait, presque impraticable et à peu près complètement inefficace.

On voit donc déjà les mesures d'amélioration qui s'imposent. Il faut établir une division sérieuse des risques destinée à procurer la stabilité du capital. Il faut éliminer également nombre des valeurs possédées qui, étant soumises aux mêmes influences, présentent exactement les mêmes risques. Il faut évincer les titres de qualité douteuse dont les résultats apparaissent nettement insuffisants. Il faut acquérir de bonnes valeurs, dans les divisions jusque-là négligées.

Ce travail d'évaluation des placements actuels et de leurs résultats est, on le voit, très important : c'est lui qui permet de dégager les améliorations à réaliser.

CHAPITRE XIV

RÉORGANISATION D'UN PORTEFEUILLE.

1º *Elimination des valeurs défectueuses et cadre de placement.* — Nous avons vu, au chapitre précédent, comment on pouvait déterminer les points faibles des placements d'un capitaliste ; comment par suite, il était possible de les améliorer. Mais ce remaniement doit être tout à fait conforme au but distinct de l'intéressé et à ses exigences propres. Il faut que son portefeuille amendé soit vraiment celui qui lui convient et qu'il lui donne, avec les résultats attendus, pleine satisfaction.

Qu'est-ce donc que le capitaliste en question attend de sa fortune? A-t-il besoin que son capital soit en totalité réalisable à chaque instant? Est-il obligé de vivre de son revenu et ainsi de le porter au maximum? Peut-il, au contraire, se contenter d'un rendement moins élevé? Le but des capitalistes, on l'a vu au chapitre Iᵉʳ, varie selon leur situation et leur mentalité. En outre, tout épargnant et tout rentier a des exigences spéciales qui sont très différentes les unes des autres. Tel d'entre eux isolera une part importante de ses fonds pour la placer exclusivement en France. Tel autre marquera une préférence pour tel pays ou tel genre de titres. Tel autre désirera des valeurs négociables

exclusivement dans les Bourses françaises, etc...
Il faut donc que l'intéressé précise très nettement
son but et ses exigences distinctes. Il comprendra
désormais quels sont les placements qui sont
appropriés à son cas.

*Il constatera alors, la plupart du temps, que la
liste de valeurs primitivement composée par lui
est essentiellement différente de celle qu'il entendait
en réalité établir.*

Etant fixé sur les défectuosités et les insuffisances d'une liste et sur les exigences person-
nelles du possesseur, il est aisé, en effet, de déterminer les remaniements à effectuer, c'est-à-dire :

a) Quels sont les titres déjà possédés qui doivent
être conservés comme conformes au but poursuivi ?

b) Quels sont ceux qui doivent être évincés
comme ne répondant pas à ce but?

Il est à craindre que les titres de cette seconde
catégorie ne soient nombreux ; car il faut y ranger
ceux qui ne sont pas nantis de garanties suffisantes ;
ceux qui n'offrent pas la stabilité requise, — si,
comme il est probable, on vise avant tout à la
sécurité du capital; ceux qui présentent les
mêmes risques que d'autres titres de qualité
meilleure; ceux qui figurent en surnombre dans
une division géographique; ceux qui procurent
un revenu trop inférieur au rendement moyen
demandé; ceux, enfin, qui ne rempliraient point
telle autre condition raisonnable posée par l'intéressé.

Pour qu'un portefeuille soit homogène et que ses éléments soient de même qualité, il est bon, qu'il n'y ait pas plus de 1 o/o en moyenne de différence dans le rendement des diverses valeurs.

On est ainsi amené à dresser un cadre, où figurent, par division géographique, d'une part, le montant des valeurs à conserver, et, d'autre part, le montant des valeurs à acquérir. Naturellement, on prévoit une somme égale pour chaque division géographique (1). Le total de ces sommes doit égaler la valeur des titres conservés, complétée par celle des titres à aliéner.

Il est fort possible que ce tableau fasse ressortir que la majeure partie des titres compris dans la liste primitive sont à vendre. La responsabilité en incombe au capitaliste qui, encore une fois, n'avait fait tout d'abord que des placements défectueux, *en opposition absolue avec ceux qui lui convenaient.*

Les remaniements à faire résultent automatiquement, si l'on peut dire, de la comparaison des résultats obtenus jusqu'alors par le capitaliste, avec ceux qu'il désire atteindre. Ils sont indispensables pour qu'il obtienne pleine satisfaction. Si l'intéressé hésite à les accomplir, il peut consulter un expert : il saura ainsi, de façon certaine, si telles

---

(1) Nous ne visons point ici le cas où un capitaliste tiendrait à conserver, en dehors de son portefeuille divisé géographiquement et stable, des intérêts dans tel ou tel fonds ou entreprise de notre pays ou d'un autre Etat.

ou telles valeurs sont susceptibles ou non de produire ce qu'il en attend.

2° Désignation des valeurs à acquérir. — Une quatrième et dernière étape reste à parcourir. Il s'agit, en effet, de choisir maintenant les titres les plus propres, dans chacune des divisions géographiques vacantes, à satisfaire aux exigences du capitaliste. C'est la tâche à la fois la plus complexe et la plus délicate.

Les capitalistes ont toutefois des moyens sérieux pour la mener à bien. Car ni la manière d'apprécier les valeurs ne leur est inconnue, ni la documentation requise ne leur fait défaut. Il ne dépend que d'eux-mêmes de connaître les titres les plus représentatifs de chaque pays du monde et de se procurer sur eux tous éléments utiles d'appréciation (1).

Enfin, là encore, là surtout, ils peuvent se faire seconder, s'ils le désirent, par un expert.

Ils agiront sagement en comparant les titres, qui obtiennent leurs préférences, au plus grand nombre possible d'autres valeurs du même pays. L'expérience montre malheureusement, nous l'avons vu, que des valeurs bien gagées et d'un rendement moyen sont souvent dépréciées par suite de la seule concurrence de titres plus avantageux. Il faut donc s'efforcer de ne retenir, dans

---

(1) Ainsi par les Cotes de la revue *Finance-Univers* et par l'*Annuaire Finance-Univers*, voir note 1, p. 70.

chaque division géographique, que les valeurs les plus sûres, les plus stables et les plus rémunératrices.

Le capitaliste dresse ainsi un tableau qui lui présente son portefeuille réorganisé, avec un ou plusieurs titres dans chaque division géographique, selon l'importance de sa fortune, titres de même valeur pécuniaire et de même qualité.

Un plan de placement ainsi conçu et réalisé assure au mieux la sécurité du capital ; il procure une réelle stabilité de son montant : car les baisses imprévues qui peuvent atteindre les bonnes valeurs d'un pays sont compensées par les mouvements favorables dont bénéficient les valeurs des autres Etats. Ainsi est possible la réalisation à toute époque, sans perte, d'une forte part du capital placé.

Les titres agréés sont ceux qui, en raison de leur condition juridique, de leur nature et de leur passé, présentent le plus de stabilité. Ce ne sont point seulement de bonnes valeurs : elles sont au nombre des meilleures des industries et des pays dont elles relèvent. Elles présentent un gage excellent, d'une part, quant au capital et, d'autre part, quant au revenu.

Grâce à la division géographique et grâce à la qualité des valeurs choisies, le rendement atteint est élevé, au minimum 4,5 et au maximum 5,5 0/0.

Enfin, des chances de hausse sont ménagées,

parce qu'un tel portefeuille est appelé à profiter, d'une part, de la progression générale des affaires dans le monde et, d'autre part, de primes de remboursement (1).

Ce portefeuille est aussi simple que la liste de placements primitive était compliquée : il es aussi facile à surveiller que cette liste était malaisée à suivre dans ses mouvements. Il présente une parfaite homogénéité comme qualité, comme quantité de valeurs et comme adaptation des unes aux autres. Il est propre, en un mot, à satisfaire à toutes les exigences du capitaliste.

Comparé au précédent, il fait généralement ressortir le plus heureux contraste : sécurité, au lieu des pertes antérieures, revenu accru du cinquième ou du quart. On avouera que de tels résultats méritaient l'effort consenti. En fait, ils le rémunèrent au delà de toute attente.

Il suffit, dès lors, de faire exécuter ce plan de placements par un agent de change ou un banquier. L'intéressé s'adressera à celui qui est son mandataire habituel et qui possède sa confiance. Il lui demandera d'exécuter ces opérations au mieux de ses intérêts. (Voir chapitre XVI).

____

(1) On trouvera dans un opuscule de M. Henry Lowenfeld sur la *Stabilité des Placements* des exemples de portefeuilles constitués de nombreuses années auparavant par l'éminent auteur et par Sir John Rolleston. Restés depuis lors sans aucune retouche, ces portefeuilles n'ont cessé de donner chaque année, avec une régularité remarquable, malgré les guerres et les crises, tous les résultats énumérés ici. (1914, Edit. de FINANCE-UNIVERS),

Ajoutons qu'il n'est nullement nécessaire d'accomplir la réorganisation de façon aussi rapide que totale. Il est bien préférable de l'effectuer par étapes et de ne point se presser pour vendre ou acheter. Un vieux proverbe dit : « qu'il est bien plus facile d'acheter que de vendre. » Il faut donc commencer par vendre à des conditions satisfaisantes et il faut acheter ensuite à des conditions acceptables. Il serait inutile de se précipiter pour réaliser le nouveau portefeuille (1).

----

(1) La revue *Finance-Univers* publie des listes de placement défectueuses remaniées par ses soins. En s'y reportant, le lecteur aura sous les yeux des exemples qui rendront les enseignements donnés ici plus clairs et plus aisés à mettre en pratique.

CHAPITRE XV

Doit-on remanier a perte ?

Voici une question que beaucoup de capitalistes se posent, quand ils comprennent la nécessité de réorganiser leur portefeuille. Leur tendance naturelle est presque toujours de ne pas vendre à perte, mais d'attendre une période favorable qui leur permettrait de céder leurs titres à un cours voisin du prix d'achat. Comment n'auraient-ils point confiance, en effet, en les valeurs qu'ils ont achetées? Comment ne penseraient-ils point qu'un moment viendra où ces valeurs recouvreront la faveur qu'elles leur semblent mériter?

Cependant, en affaires, il ne faut point se contenter, pour agir, d'un simple sentiment ou d'une impression irréfléchie : il faut avoir des raisons. Or, comme nous l'allons voir, il est presque toujours préférable de se défaire des titres qui ne répondent point au but poursuivi.

Pourquoi est-on porté instinctivement à les conserver? Parce qu'on estime que, les ayant achetés à un cours majoré, on a droit, en quelque sorte, à être indemnisé par une nouvelle hausse des cours. Mais c'est là fonder des prévisions, une éventualité de plus-value, sur une erreur initiale de jugement, sur une méprise subjective, et non sur une propriété de ces titres.

Le capitaliste ainsi engagé est si peu digne d'un intérêt spécial, si peu assuré d'une chance particulière, que le premier venu acquiert la même position que lui, à moindres frais : en achetant les mêmes valeurs aux cours dépréciés. Pourquoi cet acquéreur tardif serait-il favorisé? Or, il le serait bien plus que le possesseur ancien, si leurs valeurs communes s'élevaient en Bourse.

En fait, l'un et l'autre spéculent sur un mouvement de cours, sans avoir aucun droit à une plus-value aléatoire. Le possesseur ancien s'était peut-être imaginé accomplir un placement stable? Il sait maintenant qu'il a effectué un placement inapproprié à son but, un placement spéculatif. Il devrait aussitôt supprimer ce placement : il aime mieux persister dans sa spéculation malencontreuse. En quoi une compensation lui est-elle due? Etant ajouté, d'ailleurs, que même si elle lui était due, ce ne serait point une raison suffisante pour qu'il l'obtienne ! Sa situation n'appelle, nous le répétons, aucun égard particulier.

Si le capitaliste, éprouvé par des pertes, désire contre toute raison persévérer dans son erreur, qu'au moins il sépare nettement de l'ensemble de ses placements les titres décevants, dont il souhaite le relèvement ; qu'il considère ces titres, comme formant une spéculation accidentelle et qu'il équilibre le reste de son portefeuille d'une manière définitive : c'est le seul moyen, pour lui, de limiter ses pertes.

Mais, s'il n'a point de motifs valables pour conserver les valeurs qui l'ont abusé, il a, au contraire, des raisons sérieuses pour s'en défaire.

Tout d'abord, quels sont les titres les plus dangereux en temps de crise ou simplement de malaise général? Ce sont précisément les valeurs de qualité douteuse ou insuffisante : ainsi, les titres de sociétés atteintes d'un vice organique, les valeurs spéculatives, les actions surcapitalisées, c'est-à-dire celles dont les cours sont majorés en Bourse, les obligations mal gagées ou d'un rendement trop faible. Il est d'évidence que toutes ces valeurs offrent une moindre résistance aux influences pernicieuses. Ce sont elles qui subiront la baisse la plus accentuée. Si la crise se prolonge, elles pourront même exposer leurs possesseurs à des pertes accrues, redoutables. Connaissant ces titres, on n'aura donc point de repos qu'on ne les ait éliminés.

Mais les capitalistes répètent : « Sans doute, nous voulons nous débarrasser de ces titres. Mais si, malgré tout, ces valeurs, victimes d'une crise, remontaient à un cours plus normal? N'est-il donc point sage d'attendre, afin de vendre sans perte? »

Assurément, les titres en question peuvent connaître, dans un délai plus ou moins long, des jours meilleurs. Malheureusement, il est à craindre qu'ils ne soient appelés, étant donnée leur médiocre qualité, à traverser une période plus fâcheuse encore.

Aucun économiste, aucun financier ne peut prévoir l'avenir — non plus que l'exacte arrivée et la durée précise des crises. Les causes de ces phénomènes sont infiniment trop complexes, étant tantôt d'ordre économique, tantôt d'ordre social, tantôt d'ordre international. La situation, au lieu de devenir meilleure, peut donc fortement s'aggraver. Au lieu d'une hausse, c'est une chute nouvelle qui surviendra pour les titres en question.

C'est ainsi, par exemple, que, depuis 1897, les fonds d'Etats, les obligations Foncières et Communales, les obligations de la Ville de Paris et des Départements, c'est-à-dire les valeurs que l'on considère, dans notre pays, comme présentant le maximum de garanties, n'ont cessé, malgré quelques fluctuations contraires, de baisser. Leurs porteurs attendaient d'année en année une reprise sérieuse : elle ne s'est point produite. Ils croyaient, en 1912, que le mal était à l'apogée ; 1913 a été pire. La perte que ces titres infligent à leurs possesseurs, n'est point inférieure, à l'heure actuelle à 15 0/0. Encore sont-ce là des valeurs qui, en raison de leurs garanties, ne peuvent subir une chute profonde. Mais, combien de sociétés sont entrées en liquidation ces dernières années, dont les titres baissaient lentement : leurs porteurs s'obstinaient à ne pas les vendre dans l'attente d'un avenir meilleur !

On le voit bien clairement, mieux vaut faire

une amputation, que laisser la gangrène provoquer un accident mortel.

Il faut d'ailleurs remarquer que, si la vente de valeurs en baisse est onéreuse, elle peut néanmoins présenter de grands avantages. Il suffit que les nouvelles valeurs acquises soient parfaitement choisies et procurent un supplément de revenu annuel. Ce sera mieux encore, si elles présentent des primes de remboursement et des perspectives sérieuses de hausse. Le capitaliste remplace des placements défectueux et dangereux par un portefeuille sûr et stable, qui lui procure un gain très sensible, dûment encaissé chaque année et qui lui offre, en outre, des chances sérieuses de plus-value.

On peut donc toujours vendre une valeur médiocre en baisse ou même une valeur bien gagée, mais de rendement insuffisant, également en baisse, si on peut l'échanger contre un titre sûr et rémunérateur qui ait plus d'avenir.

Enfin, un plan de placement, comme nous l'avons vu, n'est point établi du jour au lendemain et, surtout, il n'est point réalisé immédiatement. Il est donc essentiel de l'avoir sous les yeux pour le mettre progressivement en application et profiter des occasions favorables de vente et d'achat.

Les capitalistes judicieux ne se laissent point arrêter par une dépréciation de leurs titres, ou même par une crise, pour réorganiser leur porte-feuille. Ils savent que, si ces opérations entraînent pour eux quelque chose de plus que les frais normaux, c'est une perte *minima* et une perte momentanée. Les résultats du nouveau portefeuille leur permettront de la récupérer à coup sûr dans un délai limité.

En d'autres termes, ils quittent sans tarder la position de « spéculateur » : car, conserver des titres qui ne répondent point au but poursuivi dans la perspective d'une hausse aléatoire, c'est spéculer. Et ils s'assurent la position avantageuse du possesseur de placements stables : c'est là ce que conseille la sagesse.

Il n'est pire procédé que celui de l'autruche, qui consiste à refuser de voir le péril. Il faut, au contraire, considérer le danger, le déterminer, pour le circonscrire, l'enrayer et le supprimer peu à peu. En d'autres termes, il faut agir comme en cas de maladie et prendre les mesures qui, peu à peu, ramènent à un état normal. Il ne faut point rejeter à plus tard les soins nécessaires : ce pourrait être trop tard.

CHAPITRE XVI

LES OPÉRATIONS D'ACHAT ET DE VENTE.

Ce sont les agents de change, les banquiers et les remisiers qui s'occupent de l'achat et de la vente des titres. Les agents de change ont le monopole de négociation pour les valeurs inscrites à la Cote officielle. En ce qui a trait à ces valeurs les banquiers s'adressent à eux pour l'exécution des ordres qu'ils reçoivent. Mais ils peuvent vendre et acheter directement les autres titres. On appelle « coulissiers » les banquiers qui se spécialisent dans les opérations relatives aux valeurs non négociées au marché officiel, mais seulement à côté, « dans la coulisse ». Les remisiers sollicitent les ordres des particuliers et les transmettent aux agents de change ou aux banquiers. Tous ces intermédiaires reçoivent, en rétribution de leur concours, un courtage ou une commission.

Un capitaliste, désireux d'effectuer des opérations d'achat et de vente de titres, doit s'adresser à une maison de ce genre, mais seulement après s'être assuré de sa parfaite intégrité. S'il entre en relations avec un agent de change, il a peu de renseignements à prendre : car ce sont des officiers ministériels qui offrent, ainsi, de réelles garanties d'honorabilité. Il est d'ailleurs bien des établissements financiers qui possèdent aussi la meilleure réputation et qui la justifient (1).

L'agent de change ou le banquier rend, d'ordinaire, deux services au capitaliste :

1° Il se charge de l'exécution des opérations de Bourse qui lui sont prescrites ;

2° Il donne les informations qui lui sont demandées.

Le premier de ces services doit être confié entièrement à l'agent de change ou au banquier auquel on a donné sa confiance (2). Il ne faut pas s'astreindre à contrôler chaque opération. Si l'on soupçonne

---

(1) Il importe d'appeler l'attention des capitalistes sur ce point, qu'ils ne doivent s'adresser qu'à un agent de change ou qu'à un banquier d'une parfaite correction et régularité en affaires. Ce mandataire doit en effet vérifier la qualité des titres qu'il est chargé d'acheter (titres qui pourraient être frappés d'opposition); enregistrer avec soin les conditions de l'opération, de manière à aider, le cas échéant, l'acquéreur à justifier de sa propriété (ainsi en cas de perte ultérieure du titre). Si les valeurs lui sont laissées en dépôt, il doit être à même d'en vérifier les tirages. Il faut enfin qu'il n'entraîne point son client dans de fallacieuses et dangereuses opérations de Bourse.

(2) Il est d'usage de donner les ordres des opérations au comptant par écrit. Ces ordres sont généralement donnés « au mieux » ou « au cours moyen ». Il n'y a lieu de les donner à cours « arrêté », (c'est-à-dire à un cours maximum ou minimum, selon qu'il s'agit d'achat ou de vente) que si l'importance de l'ordre rend nécessaire cette précaution contre une brusque fluctuation du cours. Les ordres des opérations à terme sont donnés, dans la pratique, par écrit ou verbalement, « au premier cours » ou « au dernier cours ». Ces opérations peuvent être plus importantes que les précédentes, sans provoquer pour cela une hausse ou une chute des cours; car c'est l'avantage du marché à terme d'être plus large que le marché au comptant.

que les ordres donnés ne sont pas bien exécutés, il vaut mieux changer de mandataire. Le contrôle de ces opérations est, en effet, fastidieux ; il est presque toujours inutile, et il ne peut faire apparaître que des différences minimes. Il ne présente donc aucun avantage réel, mais il rend difficile les relations du client et de la maison à laquelle il a accordé sa confiance.

Mieux vaut donc, nous le répétons, ne donner sa clientèle à un financier qu'à bon escient, après avoir obtenu sur lui des renseignements excellents et ne point se livrer à une surveillance superflue de l'exécution des ordres de Bourse.

Le second service est bien différent : car souvent un conseil donné de bonne foi par un financier éclairé peut avoir des résultats désastreux pour le client. Comme nous l'avons déjà expliqué, en effet, ce ne sont point seulement les garanties du titre offert, qu'il faut considérer, lorsqu'on fait un placement ; c'est aussi — chose non moins essentielle — les relations entre ce titre et les valeurs que l'on possède déjà.

Or, un agent de change ou un banquier ne dispose que rarement du relevé complet des placements du client. Il a, d'ailleurs, trop d'affaires diverses en mains, pour pouvoir suivre dans ses modifications le portefeuille de chaque particulier. Quand donc on lui demande un conseil sur le placement d'une certaine somme, il désigne des titres qui lui semblent avantageux en eux-mêmes.

Mais il néglige la question de savoir si ces titres sont de la même qualité que les valeurs possédées par le client et s'ils sont soumis à des influences différentes. Le capitaliste ne se pose pas davantage cette question et achète les valeurs indiquées. *Or, souvent ces titres aggravent, au lieu de les compenser, les risques que présente son portefeuille et l'exposent à une dépréciation d'ensemble des plus fâcheuses.*

Il est donc évident qu'un conseil donné de bonne foi à un capitaliste peut être désastreux pour lui. Toute personne, qui désire faire des placements stables, doit se rendre compte du genre et de la qualité des titres qui lui conviennent. Il faut qu'elle tienne ses comptes de manière à voir aussitôt, toujours, jusqu'à quel point les diverses divisions géographiques sont représentées dans son portefeuille. A-t-elle des disponibilités à employer, c'est à elle-même de distinguer dans quelle division géographique il faut les placer. Elle ne doit pas demander à l'agent de change ou au banquier un conseil général ; mais, au contraire, elle doit lui déclarer : « Je désire une obligation bien garantie, rapportant tant..., qui appartienne à l'Europe du Nord (ou à toute autre division géographique). » La demande étant ainsi faite, le banquier ne proposera pas des titres d'une autre sorte ou d'une autre zone territoriale. Il désignera ceux qui cadrent avec l'ensemble des valeurs du capitaliste. Si, par hasard, il n'agissait pas ainsi, le capitaliste saurait tout de suite que le conseil donné n'est pas celui qui lui convient.

Il ne faut pas se contenter, quand il s'agit d'un achat, d'un renseignement général. Il importe de demander la date de la création de la compagnie émettrice, les garanties du titre au point de vue du capital et ses garanties au point de vue du revenu. Il est utile de faire la comparaison du cours actuel avec la moyenne des cours pendant les cinq dernières années. De même, il est bon de comparer, autant que possible, la valeur proposée aux valeurs analogues du même pays, pour voir si elle est vraiment au nombre des plus avantageuses. Nous avons déjà exposé ces différents points. C'est seulement sur des informations aussi précises qu'il faut prendre une décision (1).

En recommandant un titre à un client, on lui donne quelquefois des raisons à côté : ce titre est émis par telle ou telle banque ou groupe financier ; ou encore il doit monter en valeur ; ou encore l'industrie dont dépend ce titre se développe tellement qu'il est assuré d'avoir un bel avenir. Ce ne sont point de tels raisonnements qui conduisent le capitaliste à un résultat satisfaisant. La banque ou le groupe le plus puissant se trompe quelquefois et un développement probable n'est point une certitude. *C'est sur les garanties réelles et actuelles,*

---

(1) Le capitaliste peut se procurer lui-même ces renseignements ; il les trouvera notamment dans les publications signalées ci-dessus (p. 70, note 1).

qu'il faut baser son achat, et non sur de simples patronages ou de simples possibilités.

Cette sorte de pronostics peut suffire à des spéculateurs, mais non point aux capitalistes réfléchis, qui recherchent avant tout la sécurité de leur capital et un revenu régulier. A ces personnes, il faut un titre sûr et rémunérateur, qui s'adapte bien aux valeurs déjà en leur possession.

On achète toujours ce qu'il y a de plus avantageux, si l'on réfléchit d'avance à ce que l'on va acquérir. Si l'on ne trouve point exactement ce que l'on cherche, on choisit ce qui s'en approche le plus. Mais, en aucun cas, il ne faut effectuer des achats inappropriés à son but et en désaccord avec les valeurs précédemment acquises : car ce serait néfaste.

Cette notion est essentielle : il faut s'y conformer strictement si l'on ne veut pas spéculer. Son observation est la condition *sine qua non* du placement stable.

CHAPITRE XVII

Comment tenir ses comptes. ?

Il est nécessaire de tenir un compte exact de ses placements et de leurs mouvements. Il le faut pour savoir si l'on a reçu ce que l'on devait recevoir et si l'on a payé ce que l'on devait verser. Mais il le faut surtout pour connaître à chaque instant sa position financière exacte, pour distinguer les fautes commises et les améliorations possibles.

Le lecteur sait déjà que la caractéristique du placement stable est la division des risques. Sans doute, il faut n'acquérir que de bons titres — on entend par là des valeurs appropriées au but poursuivi, bien gagées, stables et rémunératrices. Mais un portefeuille qui serait composé des meilleurs titres, sans division des risques, n'en constituerait pas moins une spéculation (1). Les garanties offertes par une valeur n'excluent en aucune façon, en effet, les risques auxquels elle est soumise. C'est seulement la provenance géographique et, par suite, le régime économique et financier, l'influence subie, qui détermine les risques en question; et c'est seulement la division géographique qui établit une

____

(1) Voir chapitre V, p. 32.

6

répartition judicieuse et une compensation de ces risques.

Pour ce motif, il faut disposer un carnet de comptes de telle façon que les titres possédés y soient groupés par ordre géographique. Les chiffres obtenus montrent ainsi combien de capitaux se trouvent engagés dans chaque division.

A côté du nom de chaque titre, il convient de mentionner les conditions d'achat, dont les principales sont le cours d'achat, les frais d'achat et le coût total. Au moins une fois par an, il y a lieu de faire une « réestimation » des titres possédés, aux cours du jour et d'inscrire ce chiffre non loin du cours d'achat : de manière à se rendre compte de la dépréciation ou de la plus-value donnée par chaque valeur.

En additionnant le coût total des divers titres et leur valeur en Bourse à la date de re-évaluation et en comparant ces deux chiffres, on voit si le portefeuille n'a point varié dans son montant. Cette variation doit être extrêmement faible d'une année à l'autre. Si elle ne l'est point, c'est qu'on n'a pas réussi à faire un placement stable et, qu'à son insu, l'on a effectué des placements spéculatifs.

Quelle peut être la raison de la variation d'un portefeuille ?

Elle consiste dans une division insuffisante, ou dans une répartition inégale du capital entre les diverses zones, ou encore dans la dissemblance de qualité des titres acquis dans chaque groupe. Ces trois faits sont, en effet, propres à empêcher l'équilibre des risques et, par suite, la stabilité du capital. Dès que l'on constate l'un d'eux, il importe donc de le supprimer. On vendra les titres qui sont en surnombre dans une division, ou qui ne présentent pas les qualités requises ; ou, au contraire, on achètera les valeurs qui font défaut dans une aire de placement ou qui sont plus propres à satisfaire aux exigences de l'intéressé.

Chaque achat ou vente entraîne certains soucis et quelques frais ; mais de telles opérations sont très rarement utiles, lorsque le portefeuille a été vraiment bien composé. La nécessité d'un arbitrage n'apparaît alors que pour prévenir une moins-value ou, au contraire, provoquer une plus-value du capital (1).

Un *état du portefeuille* ainsi dressé selon l'ordre géographique suggère en quelque sorte les mesures à prendre, lorsqu'il y a lieu de faire un nouveau placement ou, au contraire, d'en changer un ancien. S'agit-il d'acquérir une valeur, on distingue aussitôt, en effet, quelle division n'est point assez représentée et quel genre de titres il faut y choisir. Un coup d'œil sur cet état révèle donc les indications à donner à son agent de change ou à son banquier, quand on le consulte sur un

---

(1) On appelle « arbitrage » en termes de bourse, une vente de valeur faite en vue d'un achat; le mot a d'ailleurs d'autres acceptions, en finance.

achat. (Voir chapitre XVI.) S'agit-il, au contraire, de vendre une valeur? Le même tableau montre les titres que l'on peut aliéner à des conditions favorables.

Dans le carnet de comptes doit figurer *un état des intérêts et dividendes*. Il sera dressé de préférence sous forme d'échéancier, indiquant, mois par mois, le nombre de coupons à encaisser, le revenu probable qu'ils donneront, puis le revenu net qu'ils ont effectivement produit. De cette manière, on sait exactement à quelle époque et dans quelle mesure on perçoit son revenu; et l'on constate s'il représente bien, pour chaque titre, la somme attendue. Dans la négative, il convient d'en rechercher les motifs et de prendre les mesures nécessaires pour maintenir les arrérages au taux voulu. Il est facile, en effet, de calculer le chiffre total annuel de ses revenus.

Tels sont les deux tableaux essentiels que doivent comprendre les comptes du capitaliste et qui lui permettront de déterminer la situation exacte de son portefeuille, ses imperfections et les améliorations possibles. Un tel carnet comprendra utilement, en outre, un tableau des *ventes et remboursements* qui, en indiquant le coût initial des titres et le montant net réalisé, fera connaître le bénéfice ou la perte produit par une vente. De même, un tableau des *entrées et sorties de capital placé* est utile à tenir. Enfin, il est bon d'ajouter au carnet de comptes un *supplément* où l'on mentionne

les indications accessoires relatives aux titres :
numéros, lieux de dépôts, dates des tirages et de
remboursements, etc... (1).

Les capitalistes, qui ne comprennent pas l'importance de la division géographique des risques
et qui sont habitués à une tenue de comptes routinière, trouveront le mode de comptabilité ici exposé,
difficile à réaliser. En réalité, rien n'est plus simple
et rien n'est plus clair qu'un carnet de comptes
ainsi dressé. S'en servir, c'est s'éviter bien des
soucis et bien des erreurs. C'est voir clair dans la
gestion de sa fortune. C'est distinguer comment
il est possible d'en obtenir des résultats meilleurs (2)

---

(1) On agira sagement en conservant même les lettres
d'avis, bordereaux, récépissés d'espèces et de titres, que l'on
tient de son agent de change ou banquier. Toutes ces pièces
peuvent en effet servir à justifier de sa propriété, en cas de
perte du titre, en cas de contestation sur sa propriété (contes-
tations fréquentes lorsqu'il s'agit de valeurs à lots) etc... Lorsqu'on perd un titre il y a diverses formalités à remplir, qu'indiquera le banquier ou l'agent de change, ou que l'on trouvera
consignées aux annexes de la préface de l'*Annuaire Finance-
Univers* (p. XX).

(2) *Finance-Univers* a établi un *Carnet de comptes* qui remplit
toutes ces conditions. Ce carnet est plus facile à tenir que toute
autre sorte de compte, aussi peut-il être employé par les personnes qui ignorent la comptabilité. Sa durée d'utilisation est
de cinq ans.

CHAPITRE XVIII

LA SURVEILLANCE DES PLACEMENTS

Un titre mobilier n'est point une chose morte, comme une somme d'or, soustraite à toute modification, et d'une valeur fixe. C'est, au contraire, *chose vivante*, exposée, par suite, à toutes les vicissitudes de l'existence. Il représente un fragment de société ou collectivité : c'est-à-dire d'un groupement, mêlé à la lutte pour la vie, soumis à mille conditions et mille concurrences territoriales, ethniques, économiques, sociales, etc... Un titre mobilier, quelque bon qu'il soit, doit donc toujours être suivi dans son développement.

Quand on n'a admis dans son portefeuille que des titres de premier ordre, rapportant le minimum de revenu, la surveillance est particulièrement aisée à exercer. Ces titres, en effet, sont si bien garantis, qu'il est tout à fait exceptionnel qu'ils ne produisent pas le revenu voulu. Lors même que ce cas si rare survient, on s'en aperçoit assez tôt en touchant les coupons. Car le gage des fonds engagés est assez solide, pour que ces fonds ne soient point encore compromis.

Quand il s'agit d'un portefeuille de bonne qualité, produisant 4 3/4 à 5 1/4 o/o, la surveillance n'est point malaisée — car un tel portefeuille est essentiellement stable — mais elle doit être régulière. Il faut une ou deux fois par an constater la position exacte de chaque placement. Comme des obligations ont en ce cas seules été acquises, il suffit de noter, d'une part, les variations de leurs cours et, d'autre part, la progression des dividendes payés sur le capital-actions des sociétés émettrices : car ce sont les dividendes, comme on sait, qui forment le gage des intérêts de la dette obligataire.

Le portefeuille a-t-il été composé, au contraire, de titres moins bien garantis, c'est-à-dire de valeurs donnant 5 3/4 ou plus? On fera bien de l'examiner au moins quatre fois par an.

De tels examens ne doivent point porter seulement sur les titres que l'on possède. On les étendra utilement à quelques valeurs de même sorte, appartenant aux mêmes divisions géographiques. On distinguera ainsi, en effet, si les valeurs en portefeuille sont toujours les plus avantageuses de leur catégorie. Si elles ne l'étaient pas, elles seraient exposées à baisser, par suite de la concurrence de titres analogues mieux gagés ou plus rémunérateurs. Il y aurait lieu, alors, à un arbitrage intéressant.

Il n'est pas malaisé de faire ces examens soi-même, si l'on dispose d'une publication donnant les informations sûres et exactes dont on a besoin : c'est-à-dire, d'une part, le montant des diverses émissions des entreprises ou collectivités et le revenu qui leur est versé d'année en année ;

d'autre part, de courtes et claires analyses de bilans. Si l'on ne peut se charger d'un tel travail, on peut le confier à son agent de change ou à son banquier ou encore à un expert (1).

Ce que nous venons d'exposer a trait naturellement aux portefeuilles composés avec soin, c'est-à-dire aux placements stables. La composition de semblables portefeuilles (la division des risques y étant admise) forme la meilleure garantie de stabilité. Elle exempte le possesseur d'une surveillance incessante et anxieuse. Elle rend, en effet, les fluctuations des titres inoffensives, en les compensant les unes par les autres : la valeur totale des placements reste ainsi, d'année en année, à peu près égale à elle-même. Il s'agit simplement, en somme, de distinguer les cas exceptionnels où telles de ces valeurs seraient menacées. De semblables cas sont à la fois rares et faciles à découvrir.

S'agit-il, au contraire, d'une liste de placements composée, au hasard, d'un nombre généralement excessif de titres hétérogènes ? La surveillance, nous l'avons constaté déjà, devient très difficile à exercer et souvent inefficace. Comme il n'existe point ici de division des risques sérieuse, il est indispensable de suivre chaque titre isolément, de très près, dans ses oscillations. Même à ce prix, on n'est jamais sûr du résultat, puisqu'il dépend du

____

(1) *Finance-Univers* possède des services spéciaux qui se chargent de la surveillance des titres à des conditions modiques.

hasard et, qu'en somme, on spécule sur l'avenir.

Il faut bien se rendre compte aussi de la diffé-rence qui existe entre la surveillance d'une obli-gation et celle d'une action. Une bonne obligation est couverte soit par une hypothèque, soit par un gage surabondant, soit par une forte garantie extérieure. C'est donc de cette hypothèque, ou de ce gage, ou de toute autre garantie stipulée, que dépend, en définitive, sa sécurité et non du déve-loppement de l'entreprise émettrice. Mais une telle couverture (qui doit d'ailleurs être complétée, nous l'avons vu, par une marge très large garantissant l'intérêt) ne saurait disparaître soudain : elle ne peut que diminuer de valeur graduellement et le porteur a ainsi tout le temps de se défaire du titre en déclin.

S'agit-il, au contraire, d'une action. Elle par-ticipe à tous les aléas de l'entreprise émettrice. Qu'un resserrement des affaires se produise, comme il en survient tôt ou tard, les cours s'affaissent, surtout s'ils sont majorés en Bourse... et c'est la règle générale dans notre pays.

La variabilité du profit est la grande loi de l'industrie.

Chaque jour on voit les dividendes d'une société prospère diminuer à l'improviste, sous l'action d'une cause accidentelle ou autre : et les cours des actions de tomber aussitôt.

Aucune marge de sécurité n'existe, en effet, (1)

---

(1) Voir chapitre VII, page 57

pour le capital des titres à revenu variable sur-capitalisés en Bourse et une marge bien minime existe en général pour le dividende. Il faut donc suivre l'action de très près, à tout instant, si l'on entend sauvegarder sa fortune. Il faut étudier l'entreprise dont on est l'associé dans ses actes, ou au moins dans ses principales manifestations, analyser ses bilans, ses comptes de profits et pertes, les comparer d'année en année, etc... C'est là une tâche complexe et difficile, qu'un capitaliste fort expérimenté peut seul mener à bien.

CHAPITRE XIX

DE QUELLES INFORMATIONS A-T-ON BESOIN ?

Le lecteur possède maintenant les connaissances utiles sur les placements stables. Il sait quels sont ces placements. Il connaît la manière de les réaliser. Il est en mesure d'organiser un bon portefeuille. Il n'est nullement embarrassé pour surveiller ses placements, non plus que pour en tenir les comptes.

La gestion d'un portefeuille ne consiste point en un effort initial de réflexion et en un travail fait une fois pour toutes. Elle exige une attention constante. Le capitaliste initié voudra donc désormais se tenir au courant des conditions du placement, de manière à connaître toujours la valeur propre de ses placements personnels. Quelles sont donc les informations qu'il lui faudra se procurer désormais?

Les informations financières dont on a besoin dépendent exclusivement de la nature des opérations que l'on entend faire.

Il suffit au possesseur de placements stables d'avoir périodiquement des renseignements sûrs, mais simples. Le spéculateur et le joueur ont constamment besoin, au contraire, de toute sorte d'indices, qui leur permettront d'échafauder des prévisions.

Entend-on jouer en Bourse? Peu importent la valeur intrinsèque des titres, la situation vraie de la société émettrice, la cause réelle des changements de cours : ce qui est vraiment essentiel, en ce cas, ce sont les oscillations quotidiennes des valeurs et leurs différences ; ce sont les raisons multiples et fuyantes des variations du lendemain.

Fait-on partie d'un syndicat? C'est ce syndicat qui recherchera la piste, la marche à suivre, et qui l'indiquera à ses adhérents. Joue-t-on, au contraire, isolément, d'après ses seules prévisions, ou celles d'un conseiller? Force est de chercher dans les journaux quotidiens ou hebdomadaires, qui s'occupent de ce genre d'opérations, les traces légères de l'orientation des cours en Bourse.

Le spéculateur, qui ne joue pas seulement sur les différences, mais qui possède assez de capitaux pour payer et conserver ses titres, doit être plus exigeant. Il s'enquèrera de la valeur intrinsèque des titres et des garanties qu'ils présentent. Il est le maître de la situation, mais à condition de la bien connaître. Il doit être d'autant plus avisé que chaque titre qu'il acquiert représente une spéculation. Il n'existe, en effet, aucune relation entre ses valeurs et, par suite, aucune division scientifique de ses risques.

Un tel spéculateur ressemble à certains égards au joueur en Bourse et, à d'autres égards, au possesseur de placements stables. Mais, en réalité, il n'est ni l'un, ni l'autre. Il lui faut donc recueillir, d'une part, les informations nécessaires à l'un, c'est-à-dire, le détail des menus incidents quotidiens et, d'autre part, les renseignements nécessaires à l'autre, c'est-à-dire, une documentation statistique durable.

Le joueur et le spéculateur tâchent d'obtenir des « tuyaux » d'avance, pour pouvoir vendre et acheter, avant que les faits décisifs soient divulgués en Bourse. Malheureusement, s'il existe, pour telle ou telle valeur, une cause réelle et certaine de dépréciation ou de hausse, elle est connue de quelques initiés, bien avant que les spéculateurs n'en soient informés. Et puis, presque toujours les fluctuations quotidiennes de cours sont sans raison discernable. 9 fois sur 10, le motif que l'on prête à tel mouvement éphémère en Bourse est imaginé : il semble aux uns et aux autres intéressant de le deviner; mais, en vérité, ils l'ignorent. Ni les feuilles hebdomadaires, ni les journaux quotidiens ne peuvent donc fournir au joueur et au spéculateur des indications sûres. Comment le feraient-ils, puisque, encore une fois, ce n'est point la logique qui préside aux oscillations incessantes des valeurs en Bourse? En fait, les capitalistes qui opèrent de la sorte en sont presque toujours réduits aux conjectures. Ils attendent la chance providentielle, qui leur donnera la fortune.

Quelles sont les informations, au contraire, dont a besoin le possesseur d'un placement stable?

Ce sont celles qui ont trait à la qualité des titres, à leurs garanties, à la relation de leurs prix avec les cours pratiqués les années précédentes, et avec les cours des valeurs de même pays. C'est donc le relevé périodique des cours des titres les plus représentatifs de chaque division géographique ; c'est l'analyse succincte et claire des bilans des entreprises émettrices ; ce sont des renseignements précis sur les placements en tous pays, leurs conditions, leur situation présente. C'est, en un mot, une documentation objective, étendue, mais facile à lire et à utiliser. Car elle consiste en faits bien nets, bien dégagés. Et elle n'a rien de commun avec les impressions et les pronostics sur les fluctuations de Bourse.

Une information financière ainsi comprise porte sur le fond des choses, sur la réalité financière dont dépendent les modifications de cours durables. Elle néglige résolument les fluctuations éphémères et arbitraires de bourse, dont on ne peut tirer aucune induction certaine et sur lesquelles on ne peut baser que des spéculations hasardées. C'est pourquoi il suffit de la recevoir une fois par mois. On la trouvera dans les publications financières bien faites, dans celles notamment qui ont pour but la propagation des placements stables.

Le capitaliste qui possède cette conception du placement n'a point à s'enquérir fiévreusement du cours des valeurs. Il a constaté que les titres stables oscillent très peu. Il sait que, comme les femmes honnêtes et les peuples heureux, les bonnes valeurs n'ont pas d'histoire — d'histoire sensationnelle s'entend. Il dédaigne les hasards de bourse qui entretiennent dans l'esprit d'inutiles soucis. Peu lui importent les petits incidents qui surviennent constamment sur le marché. Peu lui importent tous ces menus faits qui peuvent être l'occasion de petits gains pour le spéculateur ou le rentier enclin, selon une expression imagée, à « boursicoter ». Ce qu'il tient à s'assurer, ce sont des avantages bien supérieurs ; la sécurité du capital, sa facilité de réalisation à toute époque et un revenu régulier.

Un tel capitaliste ne demandera jamais qu'un périodique ajoute à la description des garanties d'un titre un conseil d'achat ou de vente. *Car il sait que telle valeur, de qualité suffisante, peut être bonne ou mauvaise pour lui, selon les cas.* De même, elle peut être bonne ou mauvaise pour d'autres personnes, suivant l'état et le but de leurs portefeuilles. Seul, l'intéressé peut en décider et non point le périodique, qui ignore les placements respectifs de ses lecteurs.

De même, le capitaliste ne demandera pas au périodique, qu'il lit, des conjectures sur l'avenir. Car les économistes, les financiers les plus expérimentés sont hors d'état d'indiquer quelles vicissitudes sociales, politiques, économiques, quelle révolution, quelle grève, quelle crise, quelle guerre, viendront exercer des influences décisives sur un titre, quel qu'il soit. En cela, ils en sont réduits à des hypothèses : et ces hypothèses, il serait peu consciencieux de les donner pour sûres, et ce serait d'ailleurs parfaitement inutile.

Les capitalistes ont, en effet, un moyen certain de se mettre à l'abri des catastrophes : c'est d'appliquer la méthode de division des risques ; c'est de former leur portefeuille de valeurs parfaitement gagées quant au capital et quant au revenu, d'un bon rendement, soumises par quantité et qualité égales à des influences et, par suite, à des risques dissemblables. Ils n'ont dès lors, rien à redouter. Il est fort possible qu'une fraction de leur capital subisse, par suite d'une guerre, d'une crise imprévue, une forte dépréciation ; mais cette moins-value temporaire sera finalement compensée par la plus-value de l'autre partie de leur capital.

En résumé, ce qu'il faut au possesseur de placements stables, ce sont des données précises sur les titres, les sociétés et la situation présente des placements dans les diverses divisions géographiques. Il faut donc que cette documentation ait trait au monde entier. Mais, en retour, il suffit qu'elle soit concise, simple et périodique.

La différence essentielle qui existe entre les besoins d'information des spéculateurs et joueurs et ceux des capitalistes réfléchis est, en somme, la suivante : c'est que les premiers sont obligés de quêter chaque jour et chaque semaine des indices, des conseils, des pronostics; et c'est que les autres tiennent pour suffisantes des informations substantielles, données de mois en mois, mais vraiment sûres.

Le spéculateur et le joueur connaîtront inévitablement une inquiétude perpétuelle, une incessante agitation d'esprit. Le capitaliste réfléchi possédera le calme et la tranquillité. Les uns se fient au hasard sans cesse changeant. L'autre décide en connaissance de cause et se couvre contre tous les aléas. Aux uns l'incertitude, les espoirs décevants, à l'autre la sécurité. Ceux là poursuivent des gains plus ou moins chimériques, celui-ci s'assure des avantages essentiels.

CHAPITRE XX

L'INTÉRÊT NATIONAL

La stabilité des placements implique, outre un choix éclairé, leur distribution par quantité et qualité égales, entre des pays essentiellement différents. On pourrait se demander si cette répartition des capitaux français entre des pays étrangers, si favorable aux intérêts des épargnants et rentiers, n'est pas opposée au bien de la nation. N'est-il point à craindre que ce mode de placements lointains n'appauvrisse notre industrie et notre commerce et ne gêne ainsi l'essor de notre production ?

Tout au contraire, la distribution géographique des capitaux est bienfaisante dans un Etat ancien, riche et actif : elle est propre à accroître à la fois son opulence et sa puissance. C'est ce qu'il convient d'examiner brièvement.

Il faut tout d'abord observer que cette méthode de gestion n'est applicable en fait qu'à une simple fraction de la fortune nationale. Les agriculteurs, les commerçants, les industriels, les ingénieurs, les propriétaires fonciers, les hommes d'affaires, etc., de même que la multiplicité des sociétés et des compagnies de tous ordres, font valoir directement les deux tiers des capitaux français dans les différentes branches de la production et en retirent ainsi des profits élevés. Cette exploitation du capital par le travail personnel est éminemment avantageuse pour la nation comme pour les particuliers. Il importe de la développer le plus possible. Mais elle ne saurait l'être indéfiniment : car elle se heurte à des bornes précises : limitation des forces et matières premières, limitation de la main-d'œuvre, limitation des débouchés, etc...

Il existe donc nécessairement dans un vieil Etat — et en nombre croissant — des capitaux libres : ceux qui, issus de bénéfices, représentent une épargne ou une réserve. Ce sont les seuls, en fait, qui soient destinés non pas au faire-valoir direct, mais au placement proprement dit en valeurs mobilières et qui puissent, par suite, être gérés selon la méthode géographique (1).

Encore faut-il que le travail national organisé ait à sa disposition une part assez élevée de ces fonds disponibles ou aisément mobilisables : soit pour les engagements à court terme qu'il lui est nécessaire de contracter, soit pour ses augmentations de capital, emprunts à long terme, émissions nouvelles, etc.. Mais c'est précisément la caractéristique d'un pays riche, que le commerce et l'industrie y sont abondamment pourvus de capitaux et qu'ils en trouvent aisément pour satisfaire à toutes leurs exigences.

_____

(1) Exception faite encore d'un chiffre considérable de capitaux improductifs — et de capitaux appartenant aux établissements publics et sociétés diverses, ainsi qu'aux mineurs, incapables, femmes mariées, etc. et de fonds déposés dans les caisses d'épargne, (capitaux dont l'emploi est déterminé par la loi).

Cet état de pléthore, ou au moins de suffisance de fonds, se distingue à deux signes : *la modicité du taux de l'escompte et la modicité du taux de capitalisation des valeurs indigènes*. Or, ces deux taux sont particulièrement bas dans notre pays : cela depuis de très longues années. *L'offre de fonds est donc en France, aucun observateur impartial ne le peut contester, très supérieure à la demande* (1).

Force est donc pour notre nation, comme pour tous les pays riches, de placer une grande part de ses réserves à l'étranger. C'est là une nécessité économique d'autant plus inéluctable, qu'il s'agit beaucoup moins, dans notre cas, de fonds à exporter au loin, que de profits à y laisser : profits obtenus par les services rendus et les marchandises vendues hors de nos frontières (2). C'est ce qu'ont reconnu d'éminents économistes et politiques de toutes les opinions et de tous les partis, sans exception aucune.

Dès lors le devoir présent — et impérieux — c'est de veiller à la bonne organisation de ces placements étrangers.

Il incombe aux grands établissements financiers et aux banques d'affaires, qui émettent en France des valeurs étrangères, d'obtenir, des pays

---

(1) Du jour où elle lui deviendrait inférieure, les taux indiqués s'élèveraient : ils attireraient et retiendraient ainsi, automatiquement, dans notre pays le surplus de fonds nécessaire.

(2) Cf. sur ce point la remarquable étude de M. Henry Lowenfeld sur *Les capitaux français à l'étranger*, dans *Finance-Univers*, du 15 février 1913.

et des sociétés extérieurs en quête d'emprunts, des conditions favorables : d'une part à l'expansion de notre commerce et de notre industrie, d'autre part aux intérêts des futurs souscripteurs. On sait d'ailleurs que le Gouvernement intervient assez fréquemment dans ces tractations et impose les clauses qui lui semblent conformes au bien national.

Mais il appartient à tous, gouvernants et financiers, épargnants et capitalistes, *de faire en sorte que ces placements à l'étranger soient répartis de façon judicieuse* : car seule une bonne distribution géographique peut permettre d'en obtenir ces résultats essentiels : sûreté, stabilité, rendement élevé. Voyons quelle est l'importance de ces avantages au point de vue national.

La conservation du capital placé à l'étranger importe au premier chef à notre nation. Or, il est d'évidence que cette conservation est bien mieux assurée avec des fonds soigneusement répartis entre les différentes parties du monde, soustraits ainsi, comme nous l'avons vu, aux conséquences des crises et des guerres, qu'avec des engagements trop exclusivement concentrés sur un seul pays, ou un seul continent. Il suffit, en ce cas, de troubles sociaux, d'une révolution gouvernementale ou de difficultés internationales, pour affecter gravement le montant des réserves imprudemment investies et infliger une baisse désastreuse.

La liberté de nos capitaux ne peut être garantie, de même, que par la distribution géographique des risques. Une guerre continentale immobiliserait, en effet, presque autant que les fonds engagés dans notre pays, ceux que nous aurions placés dans les Etats belligérants : cela au moment où nous en aurions le besoin le plus urgent. Répartis en Europe, en Asie, en Afrique, en Amérique, nos capitaux produiraient, au contraire, quoi qu'il arrive, des rentrées fructueuses. La réalisation en demeurerait, en outre, possible à toute époque dans une large mesure : ce qui assurerait à notre nation des réserves toujours mobilisables, c'est-à-dire de puissants moyens financiers. On sait, par l'exposé fameux de M. Léon Say, le rôle fort important qu'ont rempli en 1870-71 nos fonds à l'étranger. C'est par leur emploi judicieux que nous avons pu, sans nous démunir de notre numéraire et sans nous ruiner, supporter les frais de la guerre et verser à l'Allemagne l'énorme indemnité de 5 milliards.

Enfin le rendement moyen de 5 0/0 que produit ce mode de gestion est fort supérieur à celui de nos placements actuels, même extérieurs. Il donnera donc à nos épargnants des moyens d'existence et des moyens d'action plus larges, la possibilité d'accroître leur consommation et, ainsi, les débouchés de notre industrie, la possibilité par suite d'en développer l'outillage : effets nullement exagérés, si l'on réfléchit que notre nation peut aisément, par le choix avisé de ses placements à l'étranger, accroître son revenu annuel de près d'un demi-milliard.

Tout ceci n'est point simple raisonnement : l'histoire contemporaine en montre la réalité.

Quel est le pays à la fois le plus grand possesseur de colonies, et le plus actif, commercialement et industriellement, enfin le plus opulent? C'est l'Angleterre. Or, l'empire britannique, dont l'étendue et la puissance sont, à notre époque, sans égales, pratique systématiquement les placements à l'étranger. Il les considère comme la condition de sa grandeur économique et maritime. Ses hommes d'Etat, tel M. Asquith, le déclarent sans ambages. D'après les travaux les plus récents de ses statisticiens, entre autres Sir George Paish, l'Angleterre possède maintenant 100 *milliards* répartis hors de ses frontières, dans le monde entier, qui lui rapportent près de 5 *milliards* par an (1).

Elle s'efforce désormais de rendre plus judicieuse cette distribution géographique de ses capitaux. C'est chez elle, en effet, qu'a été formulée tout d'abord, et qu'est appliquée, sur la plus grande échelle, la méthode exposée dans ces pages.

Les autres États anciens et riches suivent cet exemple et recourent dans une proportion croissante aux placements extérieurs ; ainsi la Belgique, la Hollande, la Suisse, l'Allemagne même, et aussi les États-Unis.

On le voit donc nettement, la distribution

---

(1) La France n'a pas engagé, à l'heure actuelle, plus de 40 milliards à l'étranger, — dont le tiers en Russie. — Sur l'insuffisance du revenu qu'elle en retire, cf. la Revue *Finance-Univers*, du 15 Avril 1914, 2ᵉ partie, *Aperçu général*.

géographique du capital ne répond point seulement aux exigences des particuliers et à celles des sociétés qui ont des réserves à gérer : elle satisfait aussi aux besoins de notre pays.

C'est le mode de gestion qui convient aux pays anciens, riches et actifs, et qui, bien compris et bien appliqué, soutient le mieux leur influence politique et leur expansion économique.

C'est aussi celui qui correspond à la diffusion du commerce extérieur et des échanges entre les peuples, à leur politique persévérante de multiplication des moyens de communication.

Enfin, il est le plus propre à orienter les nations vers un avenir de progrès dans la paix, par la bienfaisante interpénétration qu'il établit entre leurs intérêts. Fondée sur les dissemblances du régime économique et financier du monde, la distribution géograqhique du capital tend à les rendre bienfaisantes ; elle établit une entraide mutuelle entre les Etats anciens et les pays neufs ; elle améliore les conditions de vie des nations.

Elle est donc, non seulement utile pour l'Etat, comme pour l'individu, mais aussi conforme à tous égards au développement de la civilisation contemporaine (1).

---

(1) Une grande enquête, faite et publiée par *Finance-Univers* sous ce titre : *L'Industrie française peut-elle utiliser de nouveaux capitaux ? Peut-elle se les procurer ?* a mis en évidence le caractère inéluctable de nos placements à l'étranger, l'abondance des capitaux dont disposent notre industrie et notre commerce, la nécessité d'une répartition judicieuse de nos fonds extérieurs, etc., (Cf. *F. U.*, 15 Février à 15 Août 1913).

CONCLUSION.

C'est la nature des valeurs mobilières, les lecteurs l'ont vu, qui suggère le mode vraiment sûr de gestion. Il n'est point, en effet, au monde — on ne saurait trop le répéter — un titre immuable, c'est-à-dire dénué de risques de baisse. Un placement stable implique donc l'emploi de plusieurs valeurs, propres à compenser leurs aléas respectifs, c'est-à-dire divisées géographiquement ; elles doivent être prises parmi les mieux appropriées au but du capitaliste et les meilleures que l'étude comparée désigne dans chaque division. Un tel portefeuille, un et stable, n'exclut point la nécessité d'une surveillance régulière, d'ailleurs facile. Mais il donne des résultats hors de pair.

L'emploi de ce système de placement est indispensable à l'heure actuelle. La situation des épargnants et capitalistes qui s'obstinent dans les placements traditionnels est, en effet, des plus fâcheuses.

D'une part, en effet, ils sont menacés dans la sécurité de leur avoir. La crise survenue à la suite des guerres balkaniques, en 1913, a été d'une ampleur et d'une gravité exceptionnelles. Les cours des valeurs sont tombés à la bourse de Paris aux cours les plus bas qu'elles aient atteints depuis longtemps. Et de fortes dépréciations se sont produites également sur nombre de marchés étrangers. Les valeurs dites « de père de famille », en baisse depuis 1897, ont encore accentué leur mouvement de recul (1).

D'autre part, les capitalistes et épargnants ont à faire face à des charges sans cesse accrues. Les économistes ont calculé que, depuis la fin du siècle dernier, le coût de la vie s'était élevé dans une proportion très forte. A ces augmentations de dépenses, s'ajoutent des frais nouveaux et presque inévitables, entraînés par la vie contemporaine : frais de voyage, de villégiature, frais de séjour des enfants à l'étranger, frais de confort et de luxe. Et voici qu'une troisième et fort importante cause de débours surgit : l'aggravation des charges fiscales. Puisque la défense du territoire contraint à de nouveaux et formidables sacrifices, force est pour les possédants de consentir une plus large contribution.

Au désarroi des placements habituels des capitalistes correspond donc l'aggravation de leurs charges.

Cette situation est inquiétante. Heureusement,

---

(1) Dans les Etats les plus éprouvés en 1913, ce sont, en effet, d'une part, les valeurs cosmopolites et les valeurs spéculatives, d'autre part, les fonds d'Etat à faible rendement, qui ont été surtout atteints. Les bonnes obligations industriel es, municipales, foncières ont beaucoup moins faibli. Conférer : *Quelques enseignements tirés de la situation financière actuelle*, par Jean Say, dans la revue *Finance-Univers* du 15 novembre 1913. Le même phénomène fut constaté aux Etats-Unis, lors de la crise intense de 1907.

le remède est d'une simplicité et d'une efficacité sans égale : c'est précisément l'emploi des placements stables.

Le capitaliste qui édifie un semblable portefeuille est dans une situation comparable à celui qui construit une maison.

Il doit, tout d'abord, s'interroger et déterminer ses exigences, pour modeler sur elles son portefeuille — de même qu'il faut fixer les besoins auxquels devra répondre la maison projetée.

Il doit, ensuite, prévoir la distribution de son capital entre des placements géographiquement, c'est-à-dire financièrement, différents — de même que l'on prévoit la construction d'une maison en diverses parties, verticales et horizontales.

Puis, il recherche les titres qui occuperont ces compartiments : il choisit ceux qui répondent à son but, ceux qui sont le plus résistants, le plus avantageux et qui, par leur quantité et leur qualité, sont propres à se compléter et se consolider les uns les autres — de même que les éléments qui servent à édifier les murs doivent s'agglomérer, de même que les meubles acquis, pour meubler les pièces, doivent être de même style.

Il construit ainsi un portefeuille présentant de la cohésion et une appropriation parfaite au but poursuivi — de même qu'en étudiant soigneusement la préparation et l'exécution d'une maison, on la rend parfaitement solide et confortable.

Un édifice — fut-ce le mieux bâti — a besoin de réparations. Or, un portefeuille est fait non de pierres et de briques, de fer et de bois, mais d'éléments essentiellement vivants, instables, mobiles, soumis à mille influences extérieures et intérieures. Il faut donc le surveiller, de manière à remplacer les titres qui faibliraient, par d'autres plus propres à maintenir l'équilibre de l'ensemble.

Tout cela exige un effort de réflexion initial et une continuité de soins ultérieurs. Mais le capitaliste peut se faire seconder par un expert qui lui indiquera — tel un architecte — comment son portefeuille doit être construit, et qui se chargera de le surveiller. Le résultat en vaut la peine.

De même que le possesseur d'une bonne maison est à l'abri des intempéries, de même le capitaliste qui agit ainsi est à l'abri des crises et répercussions financières des événements internationaux. Il peut vaquer l'esprit libre à ses occupations. Lui et les siens sont assurés de ces avantages inappréciables : *la conservation du capital, sa stabilité, la faculté de réalisation sans perte, à toute époque, d'une bonne part de ces valeurs, un rendement net qui n'est point en moyenne inférieur à 5 o/o.*

En d'autres termes, il se procure des moyens d'existence plus sûrs et plus larges pour sa famille et pour lui-même. Malgré les charges accrues de la vie contemporaine, il consolide et développe ses moyens d'action.

En même temps, il sert les grands intérêts de son pays.

Puisse la lecture de ce petit livre permettre aux lecteurs de se construire de tels portefeuilles, sûrs, stables et rémunérateurs. Ils échapperont ainsi à la situation si triste dans laquelle demeurent un grand nombre de capitalistes et d'épargnants.

Ils seront étonnés de ce qu'une méthode si simple et si efficace n'ait point une diffusion universelle : ils s'en feront les zélés propagandistes.

TABLE DES MATIÈRES

FINANCE-UNIVERS

INSTITUT DE GESTION DE CAPITAUX

I. — SES SERVICES

NÉCESSITÉ DE CET INSTITUT. — Tous les capitalistes et épargnants ont reconnu la nécessité d'une organisation qui les *renseigne* avec sûreté en matière financière et les *aide* véritablement à pratiquer des placements stables.

D'une part, en effet, ils sont déçus par la baisse persistante (de 10 à 15 o/° depuis 1897) des valeurs françaises dites " de père de famille ". D'autre part, ils sont déroutés par la multiplicité des valeurs étrangères, dont les plus connues ne sont pas toujours les meilleures. Faute de méthode, ils ont été gravement éprouvés par la crise actuelle.

FINANCE-UNIVERS n'ayant cessé de se développer depuis quatre années, grâce au concours d'éminents collaborateurs et d'adhérents sans cesse plus nombreux, forme un Institut auprès duquel les épargnants et capitalistes trouvent toute l'aide désirable.

Il n'a d'attache avec aucun établissement financier et n'exerce aucune des attributions d'une Banque (ni placement de titres, ni émissions, ni dépôts, ni opérations de Bourse). Il donne seulement des consultations comme expert-conseil.

ARCHIVES. — Le premier soin de FINANCE-UNIVERS a été de réunir, et est de tenir à jour toute la documentation possible sur les valeurs du monde entier : *cotes* de toutes les Bourses du monde, *annuaires* financiers de tous les pays, *journaux*, *revues*, *feuilles télégraphiques* de partout, *communications* de correspondants étrangers, *ouvrages* sur le régime juridique et fiscal des titres dans tous les États, *dossiers* sur des *milliers* de sociétés françaises et étrangères. FINANCE-UNIVERS fait, avec plaisir, visiter ses archives, pour en faire constater, *de visu*, l'étendue sans égale.

PERSONNEL. — FINANCE-UNIVERS a tenu à grouper et former un personnel de premier ordre : juristes, actuaires, experts-comptables, spécialistes des valeurs étrangères. Tout visiteur distinguera bien vite la compétence exceptionnelle d'un tel ensemble de collaborateurs permanents.

MÉTHODE DE PLACEMENT. — Toute valeur, quelle que soit son excellence, présente des risques. Il est donc indispensable — pour accomplir un **Placement Stable**. — d'assortir, dans un portefeuille, des titres soumis à des influences essentiellement dissemblables, c'est-à-dire de pays tout différents : de manière à ce que les dépréciations, que peuvent subir les uns, soient compensées par les chances contraires que présentent les autres. Tel est l'objet de la " *Distribution géographique du Capital* ".

Cette méthode préside, en Angleterre, depuis un certain nombre d'années, avec un succès incontesté, à la gestion de plus d'un milliard de capitaux privés, et de capitaux plus considérables encore appartenant aux Caisses officielles, Compagnies d'Assurances, Sociétés industrielles et financières, etc...

La preuve est faite qu'*elle met les fonds placés à l'abri des conséquences des crises économiques, des guerres et de toutes autres catastrophes, qui atteignent si gravement les fortunes gérées de la manière habituelle.*

Elle a donc été — à juste titre — introduite en France par FINANCE-UNIVERS, et lui permet de former des portefeuilles d'une stabilité remarquable.

ÉTUDE COMPARÉE DES VALEURS. — Il importe de choisir, dans chaque division géographique, les valeurs les mieux gagées, les plus résistantes aux dépressions, les plus rémunératrices. FINANCE-UNIVERS poursuit donc l'étude comparée des titres mobiliers du monde entier.

L'expérience des vingt dernières années a prouvé, d'ailleurs, que la confiance exclusive et routinière en les titres d'un seul pays exposait à des pertes graves. — D'autre part, notre nation est contrainte, par sa richesse même, d'effectuer des placements à l'extérieur. — La connaissance des placements les meilleurs à l'Étranger comme en France est donc d'une utilité évidente.

FINANCE-UNIVERS *détermine, en chaque pays, comme en chaque industrie, les valeurs les mieux garanties, les plus stables, les plus rémunératrices.* Il montre ses procédés d'étude et de comparaison, et ses recherches mêmes, aux personnes qui visitent ses services.

TRAVAUX. — FINANCE-UNIVERS est ainsi en mesure de satisfaire à tous les desiderata des capitalistes éloignés de la spéculation et soucieux de placements stables.

Il examine les portefeuilles qui lui sont communiqués. Il les soumet à une évaluation détaillée. Il en élimine, d'accord avec l'intéressé, les valeurs défectueuses. Il désigne, s'il en est chargé, de nouveaux titres à acquérir. — Il dresse, pour des capitaux nouveaux à gérer, des plans de placement. — Il surveille les portefeuilles améliorés par son concours et composés de bonnes valeurs.

Toutefois, il n'exécute de tels travaux qu'avec le complet assentiment des intéressés : après qu'ils ont clairement compris sa méthode de placement et ses procédés de travail, ainsi que les résultats procurés, après également qu'ils ont été informés de la rétribution due et qu'ils l'ont formellement acceptée.

RÉSULTATS OBTENUS. — Les portefeuilles ainsi formés sont adaptés aux exigences distinctes du possesseur et donnent en outre les résultats suivants : *conservation et sécurité du capital — stabilité de l'ensemble du portefeuille — possibilité de réaliser avantageusement, à toute époque, une partie au moins de ses placements — perspectives sérieuses de plus-value — rendement net moyen très élevé.*

Ces résultats sont procurés — il convient d'y insister — par l'emploi de procédés scientifiques et des valeurs les plus sûres : *à l'exclusion de toutes prévisions, opérations et valeurs spéculatives.*

CONTROLE. — FINANCE-UNIVERS — *agissant comme expert-conseil en matière financière — ne redoute aucun contrôle, facilite, au contraire, l'examen des intéressés et de leur conseil habituel, par tous les moyens ; par la divulgation* de ses méthodes, de l'ordonnance et de la teneur de ses travaux ; par l'usage de *rapports écrits* pour tous les travaux qui lui sont confiés ; par l'exposé écrit de toutes *justifications,* à l'appui des mesures indiquées par lui ; *par la remise de tous ordres de Bourse à l'agent de change ou au banquier de l'intéressé* ; enfin, par la *publication* de multiples informations sur les titres français et étrangers, permettant à l'adhérent de vérifier, par lui-même la valeur comparée de ses placements.

INFORMATIONS COMPLÉMENTAIRES. — FINANCE-UNIVERS tient à la disposition de toute personne qui le désire des éclaircissements complémentaires, soit sur son organisation, soit sur ses méthodes, soit sur ses travaux, soit sur leur rétribution. *Il invite expressément quiconque serait disposé à consulter ses services à en faire au préalable la visite :* pour en constater l'ampleur et vérifier la sûreté de leurs méthodes et de leurs travaux.

II. — SES OUVRAGES ET SA REVUE

BUT DE CES PUBLICATIONS. — L'Institut FINANCE-UNIVERS publie des ouvrages et une revue pour contribuer au développement de la science économique et financière et aussi pour divulguer sa méthode, en montrer à tous la valeur, en faciliter l'application. — *Tout capitaliste est ainsi mis à même d'appliquer personnellement les méthodes de* FINANCE-UNIVERS *à la gestion de sa fortune.*

RECUEILS INDISPENSABLES. — Le capitaliste désireux d'agir ainsi dispose des moyens suivants :

Il trouve d'une part l'exposé théorique et pratique de la " Distribution géographique du Capital " dans l'ouvrage *Comment Choisir, Comment Gérer ses Placements, par Henry LOWENFELD,* — et, d'autre part, l'ensemble des notions nécessaires pour accomplir *le Placement Stable,* dans le petit livre consacré à ce sujet par François Maury.